子育てのラジオ「Teacher Teacher」が
納得するまで考えます

先生、どうする!?

子どものお悩み110番

福田遼　秋山仁志

PHP

はじめに

・子どもに怒ってばかりいる自分が嫌だ
・子育てが思い通りにいかず、逃げ出したくなる瞬間もある
・「うちの子の将来、このままで大丈夫なのか」と、常に不安がよぎる

みなさんも、心当たりのあるお悩みではないでしょうか。

子育てをしていると、たくさんの悩みにぶつかります。勉強や進路について、お子さんの性格について、親子のコミュニケーションについて、それからいじめ、不登校、発達障害など、悩みの種類はさまざまです。

けれど、周りに相談できる人がいない。自分ひとりで抱えて、不安や忙しさで頭がパンクしそうになる……。僕のもとには、そんな親御さんからのお悩みがたくさん寄せられてきます。

そして僕は、どうにかしてそんなみなさんの子育てをサポートしたいと日々がんばっています。なぜなら、それは僕自身の悩みでもあったのですから。

みなさんはじめまして。子育てのラジオ「Teacher Teacher」というポッドキャスト番組で、友人で音声プロデューサーのひとしとともに、子育てや教育にまつわる情報発信をしている、はるかと申します。

おかげさまで僕たちの番組は、たくさんのリスナーさんからご支持を受け、2024年には「第5回 JAPAN PODCAST AWARDS」で大賞を受賞するという栄誉に恵まれました。

また、現在はポッドキャストやSNSでの情報発信と並行して、不登校の子どもたちを支援する「コンコン」というフリースクールも運営しています。

まずは、どうして僕が教育の道に進み、今のような活動を始めることになったのか、簡単にお話しさせてください。

▼どうして僕は「教育の人」になったのか

子どもの頃から、僕の夢は「学校の先生になること」でした。

その原点は、小学校のときの経験にあります。クラスが学級崩壊をして、「先生の言うことを誰も聞かない」という状況にまで陥りました。病休に追い込まれた先生に対して、ずっと申し訳なく、悔しく思っていて、「ならば自分が先生になって、安心できる楽しいクラスをつくろう」と決意したのです。

大学に進学して教育学部で学び、卒業後には念願の小学校教諭として、子どもたちと向き合うことになりました。

しかし、ここで待っていたのは、厳しすぎる現実であり、大きな挫折でした。まず、子どもたちが静かにしてくれません。子ども同士でケンカをしている場面も、うまく止めることができませんでした。クラスの子から「僕は何も悪いことをしていないのに、なんでちゃんと授業を受けられないの？」と涙ながらに訴えられたときには、心底申し訳ない気持ちになりました。

教師でありながら、子どもたちの力になってあげられない自分が、とにかく悔しかったです。

「どうすれば子どもたちみんなが気持ち良く過ごせるんだろう？」

その答えが知りたくて、のめり込むように教育を学びはじめました。さまざまな教育理論を勉強し、研究や事例を調べ、たくさんの研究会に足を運びました。大学院にも通い、自ら教育理論を研究したりもしました。

福岡市立の小学校担任時代

そうして学んだことを、クラスで一つずつ実践してみると、「こうしたら良かったんだ！」「こんなに子どもたちが変わるんだ！」という驚きの連続でした。

子どもたちはどんどん変わってくれたし、僕自身も子どもたちとの関係構築がずっとうまくなったと思います。

何よりも、子どもたちが笑顔で過ごしてくれるようになったことが、涙が出るほどうれしかったです。

そして僕は、5年間の教員生活に別れを告げ、海外教育を学びに世界へ飛び出しました。

きっかけの一つが、不登校の子どもとの出会いでした。

彼らは「がんばりたい」「学びたい」と心から思っているのに、「学校には行けない」と心の葛藤に苦しんでいました。僕なりに試行錯誤してみましたが、どう力になれるのかが分からず、無力感を感じました。結局、目の前のクラスの子どもたちへの支援で手一杯で、週に一度手紙を届けることしかできませんでした。しかし卒業式の日、不登校の子どもがお礼の手紙を渡してくれました。「先生のお手紙が心の支えでした。このクラスで

海外出発時は、子どもたちが見送りに来てくれた

4、5、6年生のクラスを受け持ったときの子どもたちと

良かったです」という内容でした。とてもうれしかったのですが、一方で、頑張りたい気持ちをもっている子どもに学びの機会を届けられなかったことに、後悔の気持ちが込み上げてきました。周りの先生を見ても、同じように、不登校の子どもたちに何も力になれないと悩んでいる先生がたくさんいました。現在の学校の仕組みに限界を感じ、「不登校の子どもたちに学びを届けられる仕組みを作らなければ」と感じたのです。

だけど僕には未だ、日本の学校教育の仕組みや考え方を変えられるだけの力がありません。

「海外ではホームスクーリングやフリースクールの選択、転校するなどの選択肢が当たり前で、不登校という概念がない」など、とかく海外の教育環境と比較されがちですが、僕は、がんばっている日本の先生がいることも知っています。

ならば一度この目で、海外の教育現場を見てみたい――行くなら今だと思いました。

こうして世界中の教育施設を見学し、各国の教育の実態や、不登校支援

トルコの特別支援学校にて

デンマークの学校にて

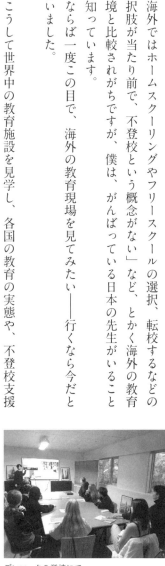

のあり方などを学ぶ旅に出ました。

この旅に出るのと同時期に、大学時代の友人、ひとしと共に始めたのが、子育てのラジオ「Ｔｅａｃｈｅｒ Ｔｅａｃｈｅｒ」でした。もともとはテキストベースのＳＮＳで情報発信を始めたのですが、現在では、僕たちの声を直接届けることができる、このポッドキャストがメインになっています。

▼ ポッドキャストで発信している「ほんのちょっと」のこと

さて、そうしてスタートしたポッドキャストは、ひとしと二人で、和気あいあいとおしゃべりしている雰囲気の番組になっています。そのおかげで、リスナーさん側も、身構えることなく、気楽に聞いてもらえているようです。

扱うのはもちろん、「子育てや教育に関する情報」です。

子育てや教育は、何か正解があるわけではありませんし、理論通りいくほど簡単なものではありません。しかし、すこし別の角度から声かけをし

カンボジアの孤児院にて

ブルガリアのオルタナティブスクールにて

たり、考え方を変えたりするだけで、子どもとの関係がガラッと変わることがあります。子育てや教育についてたくさん学び、実践し、ポッドキャストで発信をしていく中で、そんな奇跡のような瞬間に何度も立ち会ってきました。

実際、ポッドキャストを聴いたリスナーさんたちからは、日々こんなうれしい感想をいただいています。

「心が軽くなり、子どもに優しく接しようという気持ちになりました」
「片付けをしなかった子どもたちが、素直に片付けをするようになりました」
「大泣きや暴力など、困っていた行動が劇的に減りました」
「息子との間に、大きな信頼感が生まれた気がします」
「不登校で昼夜逆転していた娘と、朝から会話ができるようになりました」

この本は、そんなポッドキャストの過去の配信を基に、再構成したものです。

小学校の担任時代に作っていた「学級通信」。
子どもたちの様子、親御さんからのメッセージ、家庭で参考にしてほしい教育理論などを書いて定期的に配布していた。これに目を留めた学友のひとしが、「ポッドキャストをやろう」と声をかけて番組が実現した

ポッドキャストと同様に、みなさんから届いたお悩みに答えるQ&A形式で、回答パートは僕とひとしの対話文で読めるようになっています。

毎日たくさんの困りごとや悩みごとが生まれる子育ての中で、「こういうときどうすればいいの？」と混乱したとき、ぜひこの本を開いてください。

きっと、心が楽になる考え方や、「明日やってみよう」と思えるアクションのヒントがあるはずです。

さらに、第4章では、現在僕らが取り組んでいる不登校支援のためのフリースクールについて、詳しくまとめました。

▼ 教育者としてめざす社会

僕は、自分のことを「教育者」だと思っています。教育者とは、文字通り「教え、育てる者」のこと。

何かができない子を見て「できないんだ」と評価をしたり、何かの枠組みからはみ出す子を見て「問題のある子だ」と突き放すような姿勢ではなく、「できないことをできるようにする」「困りごとを乗り越える手助けをする」存在でありたいと思っています。

そして僕は、困っている誰かの助けになれることや、できないことをできるようになる喜びを一緒に味わえることが、何よりもうれしい。そのためなら、いくらでも力が湧いてきます。

「どうすればその困りごとを解決できるのか」、みんなで納得するまで一緒に考えましょう。

僕は、子育ては親だけで抱え込めるものではないと思っています。大人と子ども、教師と親、子どもを持つ人と持たない人。みんなで助け合って、子育てをする社会にしていきたい。

この本も、そんな未来に向けての一助となればうれしいです。

2024年9月　福田 遼（はるか）

『先生、どうする!? 子どものお悩み110番』目次

第1章 先生、どうする!? 言うことを聞いてくれません

※スクールカウンセラーの森田直樹氏が提唱している、再登校に導く支援法

第2章

先生、どうする!?

成長を後押ししたい！

第3章

先生、どうする!?

家族で深刻に悩んでいます

第4章 フリースクール「コンコン」がめざすこと

イラスト／なつ
ブックデザイン／上坊菜々子
構成／水沢環（株式会社batons）
編集担当／日岡和美（株式会社PHPエディターズ・グループ）

本書内クレジットのない写真はいずれも著者提供

第1章

先生、どうする!?

言うことを聞いてくれません

先生、どうする!? 1

Q 反抗期がひどいです

A 「I（アイ）メッセージ」で乗り越えよう

お悩み

中学2年の息子がやることをやらず、反抗期がひどいです。反抗をするときは私が言いすぎてしまったときです。片付けができなかったり、空のお弁当箱を出さなかったり、宿題をしなかったりが続くと、良くないとはわかっていても、つい息子にきつく言いすぎてしまい……。どうすれば反抗期を乗り越えられるでしょうか？

▼明日からすぐ使えるテクニック、「Iメッセージ」とは

ひとし　反抗期[※1]のお子さんを抱えるお母さんからの相談ですね。子どもが反抗する上に、自分もきつい言い方をしてしまう、と。

はるか　こういう反抗期のお悩みってすごく多いんです。だから本当は「反抗期とは何か？」というレベルから考えるべき問題なんだけど、今回は、明日からすぐに行動に移せる方法をお話ししようと思います。

ひとし　おぉ、いいね！

はるか　反抗期の子どもに対しては、**「YOUメッセージ」ではなく、「I（アイ）メッセージ」[※2]を使いましょう。**

ひとし　……何もわかんないな。

はるか　そうだよね（笑）。YOUは英語の「あなた」、Iは「私」という意味です。

ひとし　うん。それでどういうこと？

はるか　本当に文字通りなんだけど、**YOUメッセージというのは主語が「あなた」の伝え方です。**たとえば「片付けて」とか「勉強しなさい」って、ど

※1　反抗期：発達心理学の分野では、第1次と第2次に分けられる。第1次反抗期は、2歳半から3歳頃で、いわゆる「イヤイヤ期」と呼ばれる時期。第2次反抗期は、12歳から17歳頃で、思春期である中学生頃がピークとされる。時期に個人差はあるが、子どもから大人へ成長する過程で、誰もが通るものとされている。

※2　Iメッセージ：アメリカの心理学者トマス・ゴードン博士が提唱したコミュニケーションの技法。相手の言動に関して、自分がどう感じるかを、「私」主体の言い方で表現することにより、相手の自主性を損なわず、また相手に不快感を与えず相手を動かすことができるとした。参考文献『親業　子どもの考える力をのばす親子関係のつくり

ちらも言葉には出してないけど、主語をつけるとしたら「あなたが片付けて」「あなたが勉強して」になるよね。これを使わないようにしよう、というお話です。

ひとし へえ。Iメッセージはどういうもの？

はるか **Iメッセージは、主語が「私」の伝え方。たとえば「（私が）うれしいな」「（私が）悲しいな」「（私が）ちょっと困るな」なんかがそう。**

ひとし じゃあ、今回のお悩みにあるシチュエーションでIメッセージを使うと何になるの？

はるか 「お母さん（お父さん）、片付けてくれたら助かるんだ」とか、「散らかしっぱなしだと困るな」とかかな。

▼反抗期は「言われてやる」のが嫌な時期

ひとし なるほどね。YOUメッセージとIメッセージが何かは一応理解したけど、なんでそれが反抗期の子どもに有効なのか、みたいなのがまだ全然わからないんだけど……。

はるか **そもそも反抗期って、子どもの「自立したい」という気持ちの表れなんだ**

方』（トマス・ゴードン著、近藤千恵訳、大和書房）

よね。「自分でどうにかしたい」とか「言われなくてもわかってるよ！」という気持ちが反抗的な態度として表れている。

ひとし　うん。

はるか　つまり、反抗期は「言われてやる」のが嫌になってくる時期ということ。そんなときに、YOUメッセージで「〜しなさい」と叱られる。この伝え方って、指示されてる感じがあるじゃない？　命令されてる気がするから、子どもはつい反発したくなるんです。

ひとし　たとえ正論であっても、ってことか。

はるか　そうそう。一方で、「片付けてくれたら助かるな」のように、Iメッセージで親が自分の気持ちを伝える形だと、指示されてる感覚はなくなると思わない？

ひとし　ないね。不思議だ。

はるか　ここが大事です。一見同じようなことを言っているように見えても、**「指示された」と思うか、「お母さん（お父さん）が困るんだな」と思うかで、子どもの心境は全然違うんですよ。**後者は、子どもが持つ「自立したい」って気持ちを邪魔しません。

▼ 命令口調をやめると、子どもの行動が「自発的」になる

ひとし なるほど。これは実際はるかも、先生として子どもたちに使ってたの？

はるか もちろん！「Iメッセージに助けられた！」と言えるくらい、かなり頻繁に使ってたよ。

学校の先生と言えば、「姿勢良くしなさい」「勉強しなさい」とか指導するイメージがあると思います。最初は僕もそうやって、ちょっと偉そうに指示を出してたんだけど、子どもの心はどんどん離れていく。全然言うことを聞いてくれないし、なんかギクシャクするんだよね。

それで困っていたときに、このIメッセージの考え方を知って、さっそく実践するようになりました。たとえば、何かを手伝ってほしいとき。それまでは、「人のために動くのって大事よ」「みんなも手伝って」なんて説教っぽく話していたところを、**「先生、今、大変やけん、手伝ってくれんー？」とか「手伝ってくれたら、めっちゃ助かるんだけど！」みたいに伝えるようにした。**すると、子どもたちが気持ち良いくらいに動いてくれるようになったんです。

ひとし　へえ。「静かにしてくれたら先生うれしい」とかもIメッセージかな？

はるか　そうそう！　「君たち静かにしてて偉いね」じゃなくて、先生がうれしい。僕が助かるって伝えるわけです。

ひとし　たしかに。俺も子どもの頃「片付けなさい！」って言われてもしなかったけど、「お母さん、食器洗うの大変そうだな」とか感じたら、自分で洗ったりしてたかも。

はるか　そう！　子どもの行動が自発的になるんだよね。親が大変そうだから自分がしたい。親を喜ばせたいから自分がしたい。人に指示されたんじゃなくて、自分から行動するから気持ち良く動けるんです。

▼すぐにうまくはいかないけれど、うまくいったら「ありがとう！」

ひとし　とはいえ、そういう伝え方をしても、子どもが自発的に動かないパターンはないかな？

はるか　もちろんあるある！　でも、そもそも「子どもが必ず行動してくれる」って前提で考えていたら、うまくはいきません。命令・指示する形のYOUメッセージと違って、Iメッセージは「お願い」や「提案」に近いもの。

だから、「行動してくれるかもしれないし、行動してくれないかもしれない」がベースです。

その前提を見失ってしまうと、子どもが思ったような行動をしてくれないときに、こっちが落ち込んだりストレスを感じるかもしれない。あるいは「やっぱり叱ったほうがいいんだ！」と思ってしまうかもしれません。

ひとし なるほど、それはおもしろい視点だ。

はるか 「Iメッセージを使って『動かして』やろう」という下心があるかどうか。子どもはそういう空気を敏感に感じ取っています。そんな下心が伝われば、子どもは押し付けられてるように感じるし、きっとお手伝いはしないはず。

だから僕はこんなふうにしていました。**「うれしいな」「悲しいな」とたくさん伝えていると、たまに動いてくれるときがある。そのときに、気持ちが伝わるように「ありがとう！」と感謝するんです。**そうしたら子どもはすごく喜んでくれるし、それが何度か積み重なっていくと、だんだん子どもも心を開いてくれるんだよね。それで、気づいたら反抗的な態度もなくなっていく。

だから、このお母さんにも、焦らず、少しずつ信頼関係を再構築していくようなイメージを持ってほしいと思います。

ひとし　たしかに、すぐにうまくはいかないかもしれないよね。「相手を思惑通りに動かそうとするとお互いにストレスがたまる」って、俺は会社に勤めて、マネジメントする立場になってすごい感じることだな。自分の思った通りに行動してもらおうとするより、いかに感謝を伝えるかとか、そっちが大事だよね。

はるか　うん。やっぱり人と人とのコミュニケーションの話だから。「こうすればこうなる」「コントロールしよう」とは思わないほうがいいと思います。

はるか先生のワンポイント

Iメッセージ

「私」を主語にして気持ちを伝えよう。

×（あなたが）片づけなさい！

○（私が）片づけてくれたら助かるな！

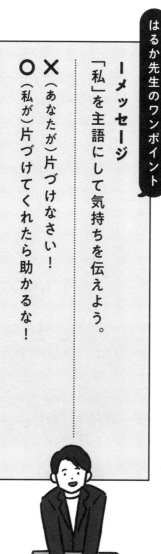

先生、どうする!? 2

Q 何度注意しても聞いてくれない

A 注意する「論理」を説明し、正しく約束しよう

お悩み

子どもに何回注意してもまたくり返すときは、どういう対応がいいのでしょうか？

▼「ちっちゃい注意」のくり返しは、お互いにつらい

ひとし　お子さんが親御さんの言うことを聞いてくれない、というお悩みですね。注意っていうのは、「静かにしようね」とかなのかな。

はるか　まさにそういうちっちゃい注意だと思う。「何回言ったらわかるの？」って言いたくなるときってたくさんあるんだよね。僕も学校で、何回注意しても聞いてくれなくて、思わず叱ってしまったこともありました。

ひとし　家でもよくありそうなシーンだね。

はるか　でも、そんなふうに叱ってたときに「俺は教育者で、子どもを導く立場なのに、何回も効果のない注意をくり返してるな……」って気がついて。**こっちが苦しんでるつもりだったけど、子どもも何回も同じように怒られて、きつい思いをしてるよなって反省したんです。**

ひとし　おぉ、そこに気づける人って少なそうやね。

はるか　少ないのかなぁ。子どもと関わってると、どうしても大人のほうが強いじゃない？　言い負かせられるし、多少理不尽でも子どもは言うことを聞く場合が多い。だからこそ、大人側が自分をふり返る習慣をつけていかない

と、と思うんだよね。気づいたら子どもの心が離れちゃってるってことになりかねないから。

▼「なぜその行動がダメなのか」を論理的に伝える

ひとし たしかにそうかもしれないね。じゃあ実際に、どんな注意の仕方をしたらいいのかってアドバイスはある？

はるか **今回はアドラー心理学[※1]の「論理的結末[※2]」という考え方を紹介します。**これには全部で三つのステップがあるので、順番に説明すると、**まず一つめは「なぜその行動がダメなのか」を論理的に伝えること。**

ひとし あぁ、たとえば病院で騒いでる子に「ここで大きい声出したら具合が悪い人がもっと具合が悪くなっちゃうからやめようね」みたいなこと？

はるか そうそう、うまい！ そうやって説明するだけで、子どもも注意されてる理由が理解できるよね。**これがないと、なんで怒られてるのかがわからない**から、「自分は嫌われてるのかな？」って不安になったり、大人に対して不信感を抱いたりするんです。子ども時代にそんな経験ってなかった？

ひとし あ、あるある！ 小5のときに、算数で使う三角形の紙が配られて、「次

※1 アドラー心理学：オーストリアの精神科医・心理学者アルフレッド・アドラー（1870―1937）が創始した心理学。正式名称は、個人心理学（individual psychology）。理論的な特徴としては、行動の原因でなく目的を理解しようとすること（目的論）や、人間の精神生活を理解するために対人関係を理解しようとすること（社会統合論）などが挙げられる。近年ではビジネスにおける人材育成分野や、育児・教育分野などに

の授業で使うから、絶対なくさないでね」って言われたんだけど、俺、なくしちゃって。他にも3人くらいなくしてた子がいたんだけど、みんなの前で立たされてすごい怒られたんだよね。それから、その先生にはずっと不信感があったと思う。

はるか　その傷は深いかもね……。なんでそこまで怒られたんだろう。

ひとし　ね（笑）。そう考えると怖いよね。あのとき必要以上に怒られたことを、20代後半にしてまだ鮮明に覚えてるって。

はるか　うーん、やっぱ教師って責任重大だ。もしかしたらそのとき、ちゃんと理由を説明してもらえてたら、不信感はなくなって、ここまで覚えてないかもしれない。だから、**注意するときにはきちんと論理的にその背景を説明するのがすごく大事**なんです。

とはいえ、理由を説明するだけで子どもがすんなり言うことを聞いてくれたら誰も苦労してないんだよね。

ひとし　たしかに、そんなうまくいかない気はするね。

おいても、広く取り入れられるようになっている。

※2　論理的結末：良い結末（メリット）と悪い結末（デメリット）を論理的に示し、どちらに決めるかを子ども自身に判断してもらう考え方。責任と行動の結末は子どものものである、という考えに基づく。子どもは「自分は物事を選択し、行動する力がある」と経験することで、自立心や自信を強めていく。子育てのみならず心理療法などでも活用されている。参考文献『アドラー心理学への招待』（アレックス L・チュウ著、岡野守也訳、金子書房）

▼ 一緒に具体的な「解決策」を考える

はるか　そう。この一つめのステップは、言わば前提条件なんです。その後で、**二つめのステップとして「一緒に具体的な解決策を考える」のが大事。**さっきの例で言えば、「どうしたら次はなくさないでいられるかな?」って聞いて、「筆箱の中に入れてたらどうかな?」「いつも使ってるファイルに入れてたら?」とかって具体的な解決策を、子どもと一緒に考えていくんです。

ひとし　それで、本当に解決するものなの?

はるか　うーん、すぐにできるかっていうと難しい。だけど、子どもはどちらかと言えば「自分で決めたこと」なら守りやすい傾向にあるんだよね。

ひとし　なるほど。だから子どもが自分で決められるような導き方とか声かけがいいのか。

はるか　そうそう!　それをくり返して、子ども自身がより良い方法を考えていくのが大事なんです。

▼約束を守れたとき、守れなかったときの結末を事前に共有

ひとし じゃあ最後のステップは?

はるか かなり多くの子はこの2ステップでも変化があると思います。**それでも変わらないときに重要になる最後のステップが、「結末」を共有することです。**

ひとし 結末……、なんだろう?

はるか **こっちからのお願い事を守れたときどんな結末になるか、守れなかったらどんな結末になるかを事前に話して約束しておくんです。**たとえば、「電車の中で大きな声でおしゃべりすると周りの人が困っちゃうからやめようね。電車の中で大きな声を出すことを続けたら、家に連れて帰るね。静かに過ごせたら、このままお出かけを続けよう。どっちがいいか選んでね」とか。
そうやって事前に合意形成しておくと、子どもの中にも納得感が生まれます。
一方、子どもにとって一番ダメなのは、大人が一方的に約束をつくってい

て、事前に知らされていなかったのに、罰を与えられること。それって後出しジャンケンに近くて、「大人はずるい！」という不信感に繋がるし、かなり理不尽さを感じてしまうんだよね。そうなると、ますます言うことを聞いてくれなくなります。

ひとし それって、一回約束を守れなかったら、たとえばもうずっと電車に乗れないの？　そのあとの救済措置はない？

はるか 僕がよくやるのは……。まずいったんは行けないようにします。だけど、似たような別の状況で同じ約束をするんです。
たとえば電車では静かにできなかったけど、次は図書館に行くときにまた同じ約束をする。もし図書館で約束が守れたら、「やっぱり静かにする力あるね！」「電車でもできるかもしれんね」って伝えるんです。そんなふうに、似たような状況で成功体験を積んで、もう一回リベンジするチャンスをつくっていくといいんじゃないかな。

ひとし なるほど、おもしろいな。

はるか ただ注意をくり返すんじゃなくて、論理的結末の考え方を意識して、子どもにこっちの注意をしっかり理解してもらったり、正しく約束を結んで悪い結末にも納得してもらったり。

この考え方のおかげで、僕は子どもたちとの関係構築が上手になったかなと思います。

はるか先生のワンポイント

論理的結末

ダメな理由を「論理的」に伝え、約束を守れたとき・守れなかったときの「結末」を、事前に約束しておこう。

先生、どうする!?

3

Q 癇《かん》癪《しゃく》を起こして、泣き止まない

A 子どもの「モード」を変えてみよう

お悩み

息子は、うまくいかないことがあると大泣きをします。隣の家に聞こえるほど大きな声で泣き、一度泣いてしまうと全然泣き止まないので困っています。どうしたらいいでしょうか？

▼「モードの変え方」もいろいろ

ひとし　お子さんが癇癪[※1]を起こしてしまう、というお悩みですね。お子さんは小学校低学年とか、保育園児とかのイメージかな？

はるか　うん、それくらいが多いと思う。僕らは子どもも大好きだからなんとも思わないけど、子どもの癇癪を嫌な目で見る人もいるかもしれない。そう思ったら、親御さんの不安はきっと大きいよね。

ひとし　たしかに、スーパーとか遊園地とかね。心配かも。

はるか　学校でも大泣きしたり暴れたりする子って結構いるんだよね。僕もかなり悩みました。当時は本当にどうしたらいいかわからなくて、こっちもパニックになってしまったこともあるし、「大丈夫？」「落ち着いて」くらいしか言えなくて、ひたすら待つしかない……、って悔しい思いもしたな。

ひとし　そっか。はるかなりのアドバイスはある？

はるか　いろいろ勉強して、一番いいなと思った方法が、**子どもの逸脱行動に詳しい小栗正幸[※2]さんが紹介されていた「ファンタジーマネジメント」[※3]です。**

ひとし　ファンタジー？　マネジメント……？　どういうふうにやっていくの？

※1　癇癪：ちょっとしたことにも感情を抑えきれないで激しく怒り出すこと。「子どもの癇癪」と言えば、声を荒らげて泣いたり、激しく奇声を発したりするなどの興奮を伴う混乱状態を指すことが多い。自己主張がうまくできない場合に起こりやすく、コミュニケーション手段として習慣化する場合もある。

※2　小栗正幸：法務省所属の心理学専門家として、少年鑑別所や成人矯正施設に長年勤務した経験を持つ。思春期・青年期の逸脱行動への対応が専門領域。特別支援教育ネット代表。

※3　参考文献『ファンタジーマネジメント　〝生きづらさ〟を和らげる対話術』（小栗正幸著、ぎょうせい）

はるか　**ひと言で言うなら「的を外して、モードを変える」って方法。**

ひとし　えっと、モード……??

はるか　ちょっと具体的に説明していくね。たとえば大泣きしている子どもがいたとき、普通の大人の反応は「○○くん、なんか悲しいことがあった？　大丈夫？」とかになると思う。これは子どものモードに合わせた反応です。

ひとし　あぁ、そう捉えるんだね。

はるか　これが全く悪い反応ってわけじゃないんだけど、そうやって正面から向き合ってしまうと、大泣きは止められないし、ますます深みにはまることもあります。**だから、大泣きを止めるためには、子どもの「悲しい」ってモードに合わせずに反応して、別のモードに変える必要がある。**

ひとし　へえ。ズバリどうやって変えるの？

はるか　**ガラッと明るいトーンで、全く違う話題で声をかけるんです。**たとえば「おー！　○○くんここにおったんや！　ちょっと話したいことがあるけんこっち来て！」とか。**「こっち来て」と場所を変えるところも大事なポイント**です。

ひとし　なるほど。違う話題の声かけをするのが一つと、別の場所に移動させることで、もう一つモードを変えるってこと？

はるか　そういうこと！　僕はよく外に出たり、お茶とか飲みながら話しました。**さらに話しかける「人」が変わると、もう一段階モードが変わります。**

ひとし　あぁ！　ひとし先生に怒られてたところに、はるか先生が声をかけてきたら、ってことか。

はるか　そうそう。そうやっていくつかモードを変えていくと、だんだん大泣きが収まってきて、ゆっくり話を聞いてくれるようになるんです。実際試してみて、びっくりしました。ほんとに効果があるんです。

▼いったん落ち着かせてから、気持ちを聞こう

ひとし　えぇー、そうなんだ。でもそれって、子どもが抱えてたモヤモヤ自体は解決してないよね？　なんか子どもの気持ちを無視してるような接し方にも見えるんだけど……。

はるか　さすがだね！　たしかに根本的に子どもの気持ちが晴れたわけじゃないよね。**でも、まずはいったん、子どもが落ち着くことが大事なんです。**なぜなら、大泣きしてるときは、冷静に話ができる状況じゃないから。

ひとし　なるほどね、その先がある？

はるか　そう！　落ち着いたら、そこで初めて「なんか困ったことがあったの？」って話を聞いていく。**そんなふうにゆったり心が落ち着いた状態で話すと、子どもの本音ってポロポロ出てくるんですよ。**「さっきは図工の工作でうまくいかなくて、イライラして声出しちゃった」とか。

そしたら、いつもの**Iメッセージ（お悩み1番）**で「話してくれてうれしい、ありがとう」と伝える。あとは「モヤモヤしたんだね」と子どもの気持ちを言葉にして受け止めたり、「そういうときには一回お手洗いに行ったりするのもいいんじゃない？」とか、代わりの行動を提示してあげるのもいいと思います。

ひとし　素晴らしい！

はるか　さらに言えば「約束」ができるともっといい。また大泣きしてほしくないし、もちろん子どもだってまた大泣きしたくないから。たとえば、「○○くんが大きな声出すと先生ちょっと困っちゃうんだ。だから次は涙が出る前に相談してくれん？　そしたらすごくうれしいな。約束してくれる？」なんて話したり。

ひとし　すごい！　それって何年生の子？

はるか　小学1年生でも2年生でもしてたよ。

ひとし　うまくいくんだ？　なんか理屈としてはわかるけど、子どもとそこまで建設的なコミュニケーションが成立するのかなって疑問も残ってる……。

はるか　もちろん、これはあくまでも成功例。**基本的に一回でうまくいくことはほとんどないと思います。**でも、「今回は泣いてる時間が短くなったね」とか「次はもうちょっと短くなったらうれしいね」って何回も何回もくり返していくことがすごく大事。

ひとし　なるほどね。でも、可能なんだ、すごいな。

はるか　難しいけどね。でも実際に、お悩み相談をくれた別の親御さんにこの方法を紹介したら「おかげで子どもがすごく変わりました！」ってメッセージをもらったこともあって。ぜひ、一度試してみてほしいです。

はるか先生のワンポイント

ファンタジーマネジメント

癇癪は正面から受け取らず、瞬時にモードを変えてあげよう。

Q 5歳の娘が赤ちゃん返り……

A 困った行動には先手を打つべし

お悩み

5歳の娘が赤ちゃん返り[※1]のように駄々をこね、困らせてきます。どうしても手がかかる2歳の弟に構うことが多く、それがおもしろくないみたいです。共働きで、子どもに割く時間が無限にあるわけではありません。「愛してるよ」とハグしながら言ったりするのですが、それでは満足していないみたいです。子どもが親からの愛情を感じるのはどういうときなのでしょうか?

▼赤ちゃん返りをする理由は「注目してほしい」から

ひとし　年の差があるきょうだいの接し方についてのお悩みです。幼い下の子にかかりっきりになると、上の子は構ってもらえなくてさみしくなるよね。

はるか　うんうん。でもまず、この方素敵すぎるよね！　仕事しながら幼いお子さん二人を育てるって、きっとすごく大変じゃないですか。それなのに、「愛してるよ」と言ったり、ハグをしたり……。

ひとし　うん、ほんとにすごい！

二人　パチパチ（拍手）

はるか　で、最初に言わせてください。このお悩みは正直、わかりません！

ひとし　おぉ、めずらしいね。

はるか　僕は実際に2歳の子と5歳の子を同時に育てたことがないし、これまで関わってきたのも6歳以上の子ばっかりだったから。

ひとし　そっか、小学校の先生だったからね。

はるか　そう。だからこんなふうに赤ちゃん返りをした子と関わったことはあんまりないんだけど、子どもが自分の言うことを聞いてくれないとか、「なん

※1　赤ちゃん返り：ある程度成長した子どもが、弟や妹が生まれたことなどをきっかけに、ミルクを欲しがる、おむつをしたがるなど、赤ちゃんのような態度を取ること。母親など周囲の大人の気を引こうとして行うとされる。

でそんな困らせてくるの？」って思ったことはたくさんあります。だから、今回はそういうときの経験をお話しできればと思っています。

ひとし　なるほど、何かこの親御さんにとってもヒントになる部分がありそうだね。どんなふうに対応してたの？

はるか　**アドラー心理学の「目的論」[※2]って考え方を活用してました。**

ひとし　また出てきましたね、アドラー心理学。

はるか　はははは、俺好きなんよ（笑）。**「目的論」は、「この人がこんな行動を取っているのには、何か目的があるんだろう」とする考え方です。**その反対にあるのが「原因論」[※3]で、こっちは「この人がこの行動を取ってるのには、何か原因があるんだろう」とする考え方。

ひとし　あ、わかった！　たとえば、とある詐欺師が10億円をだまし取ったのは、社会から嫌われて、社会に不満を持っていたからだって考えるのが原因論。10億円稼いで夢のような暮らしがしたいという強烈な目的があって犯行に及んだ、って考えるのが目的論。

はるか　わかりやすい！　さすがやね。

ひとし　よし。じゃあ、これを子どもとのコミュニケーションで考えると……？

はるか　たとえば、子どもが何回もわざとモノを落とすとき。「なんでこんなこと

※2　目的論：アドラー心理学では、人間は、目標に向かって主体的に生きていく積極的な存在だと捉え、「人間の行動にはすべて目的がある」と考える。そのため、人の行動を理解するためには、その人の目標（目的）を考えることが重要だとされる。

※3　原因論：「人間の行動にはすべて原因がある」と考え、行動に対する説明を過去に求める考え方。

するの?」「もしかしたら私のこと嫌いなの?」って考えるのが原因論。でも、こう考えたところで、なかなか解決法は思い浮かばないんですよ。むしろ、だんだん悲観的になったり、落ち込んでしまうかもしれない。

ひとし たしかに、ちょっと気持ちが暗くなる気がする。

はるか **一方、目的論で考えると「この子は今注目してほしいんだな」「私にかかわってほしいんだな」という考え方になるよね。**お悩みにある「赤ちゃん返り」っていうのも、こういう「注目してほしい」って目的があるような気がします。そう考えたら、解決策が思い浮かぶと思いませんか?

ひとし たしかに! 「じゃあもっと構ってあげよう」とかって考えられるね。

はるか そうそう。**重要なのは、人間関係については原因論よりも目的論で考えたほうが解決に向かいやすいってことなんです。**

▼ 先手、先手でハグしてみよう

はるか でも、このとき注意してほしい点もあって。子どもが「注目してほしい」という目的で行動を取ったときに関心を寄せてあげるとするよね。たとえば駄々をこねたらハグをしたり、暴言をはいたときに叱ったり。すると子どもは、**「問題行動を取れば構ってもらえる」**って思ってしまうんです。いわゆる誤学習[※4]です。そうなると**問題行動をくり返すようになります。**

ひとし　なるほど。じゃあ、そのときは子どもを無視したほうがいいってこと？

はるか　無視するというより、反応を減らすって感じかな。**たとえば、ピシャッと「大変だからやめてほしいな」「嫌だから言わないで」と言うだけにするとか。**[※5]ちょっと冷たいかなと思うかもしれないけれど、問題行動を長引かせるよりずっといいはずです。

ひとし　たしかにそうだね。でもそれじゃあ、子どもの「注目してほしい」って気持ちは満たされなくない？

はるか　うん。**だから「注目してほしい」子には、普通に過ごしてるときに大きな関心を寄せてあげるといいんです。**問題行動を取ったときとは別のタイミングで目的を果たしてあげることで、問題行動が減っていくと思います。

ひとし　なるほどなぁ。

はるか　これは、僕の中で大事にしてる考えなんだけど、いつも「親や教育者は子どもの後手に回ったらいけない」と思ってるんです。子どもが問題を起こしてから、悲しそうにしてるから、助ける。**そうじゃなくて、問題が起きる前から、先手先手で子どもに向き合うってマインドがすごく大事だと思**

※4　誤学習：応用行動分析学において、不適切な行動を、自分にとって都合の良い解釈で、正しい行動として誤って理解すること。

※5　参考文献『メリットの法則　行動分析学・実践編』（奥田健次著、集英社）

うんですよね。

だから、このお悩みの方も、今回の考え方を知って、普段から「先手先手で」と意識しておくだけでも、ちょっとはお子さんに変化があるんじゃないかな、と思ったんだけど……、どうだろう。

ひとし たしかに、もしかしたらハグするタイミングを変えるだけで、変化があるかもしれないね。

はるか うん。とはいえ仕事をしながら子育てするって、僕らの想像を超える大変さだと思う。この回答は想像の部分も大きくて、チャレンジでした。実際に共働きで子育てしてるみなさんのご意見も聞いてみたいです。

はるか先生のワンポイント

アドラー心理学の「目的論」その1

困った行動とは別のタイミングで、大きな関心を寄せてあげよう。

Q 嫌なことがあると家出をしようとする娘

A 家出の「目的」を果たしてあげよう

お悩み

中学生の娘がいるのですが、嫌なことがあったら家を出ようとするところがあり、困っています。

▼「自分の力を認めてほしい」という気持ちの表れ

ひとし 嫌なことがあると家出する。これは、部屋に引きこもるとか、親御さんのことを無視するとかとも似たお悩みかもしれないね。

はるか そうだね。僕も教師時代、高学年の女の子とかに突然無視されたりした経験があるんだけど、そういう行動を取られると、どうしていいか戸惑うんですよね。

ひとし これはどうしたら止められるのかな?

はるか **今回はアドラー心理学の目的論に基づいた考え方で解決策を考えていきたいと思います。**

ひとし 目的論は前にも出てきたね**(お悩み4番)。「この人がこの行動を取るのには、何か目的があるのかもしれない」って考える方法だったよね?**

はるか そうそう! 人間関係においては、原因論で考えるよりも、目的論で考えたほうが解決に向かいやすいんです。

アドラー心理学を発展させた、アドラーの弟子のドライカース[※1]によると、子どもの不適切な行動に隠れる目的は、大きく四つに分けられると言われ

※1 ドライカース:オーストリアの精神科医・教育者。ルドルフ・ドライカース(1897―1972)。アドラー心理学の体系化に尽力し、臨床の場面だけでなく、家庭や教育の場においても実用的な方法へと発展させた。

ています（左ページ図表を参照）。
今回のお悩みにあった「家出をする」を考えてみると、**娘さんには2番目の「力を示す」という目的があるのかなと思います。「親に反抗したい」みたいな。**

ひとし　でも、普通にむしゃくしゃしたから家を出たとか、そういう単純な話なんじゃないの？

はるか　まぁ、そうかもしれないね。でもそれって原因論的な考え方なんですよ。

ひとし　あ、そっか！　自然と原因論で考えちゃってた。

はるか　この親御さんも、もしかしたら同じように「私が嫌なことをしてしまったから出ていったのかな？」とか「悲しい思いをしてるから出ていくのかも」って考えてしまっているかもしれない。でも、そう考えてもご自身がつらくなるだけで、解決に向かわないんです。
そうじゃなくて**「この子は今自分の力を認めてほしいんだな」って目的論的に捉えてみると、きっと親御さんの心は楽になるし、さらには解決策も見えてくる**と思うんですよね。

「不適切な行動の4つの目標」

4 無能さを示す	自分の無力さを示そうとする行動を取る。 例：何もやらない／引きこもる

↑ **それでも認めてもらえない**

3 復讐する	周囲の人に不快なショックを与えて、傷つけられた復讐をしようとする行動を取る。 例：嘘をつく／万引きをする／非行に走る

↑ **押さえつけられる**

2 力を示す	自分の力を示そうとする行動を取る。 例：兄弟を泣かせる／親に反抗する／強い言葉を使う

↑ **注目してもらえない**

1 注目を得る	周囲の人の注目を集めようとする行動を取る。 例：大きな声で泣く／いたずらをする／赤ちゃん返り

※参考文献『アドラー心理学の基礎』（ルドルフ・ドライカース著、宮野栄訳、野田俊作監訳、一光社）

▼得意なことを頼って、「あなたには力があるね！」と伝えよう

ひとし　じゃあ具体的に、「力を示したい」子にはどう対応すればいいの？

はるか　**まず重要なのが「張り合わないこと」です。**たとえば、正論で追い詰めたり、怒鳴りつけたり。「大人の力をわからせてやる！」って上から押さえつけようとすれば、必ず問題行動は悪化します。だから対応としては、子どもが「自分はこの人に力を認めてもらえている」と感じられる場面をつくるのが良いと思います。

ひとし　なるほど、そしたら娘さんの目的がクリアできるね。

はるか　そうそう。僕がよくやってたのは、**その子が得意なことについて教えてもらうこと。**たとえば、小学生の女の子には、「○○ちゃん、俺TikTokの使い方わからんのだけど、これってどうしたらいいとかな？」って聞くんです。それで、何か教えてくれたら「よう知っとるね！」ってその子の力を認めていく。

ひとし　なるほどね。このお悩みの方なら、「これちょっと手伝ってくれん？」とか何か娘さんに頼ったりしたらいいのかな？

はるか あ、できればその子の得意なことがいい。ただのお願いよりも、得意なこと・詳しいことについて頼って、**「あなたには力があるね！」って伝えられるのが一番いいと思います。**

ひとし たとえば俺がパパだったら「いつもインスタよく見てるよね？ 投稿の仕方教えてくれん？」とかってことか。

はるか うんうん、いいね！ 今回は具体的な対応を一つ紹介しましたが、これを試してみたら、最初はかなり嫌な顔をされると思います。それこそ無視されることもあるかもしれない。でも、「あなたの力を認めてるよ」ってことをずーっと伝え続けていたら、あるときパッとお子さんの行動って変わるんですよ。絶対に変わるので、信じて接し続けてほしいなと思います。

はるか先生のワンポイント

アドラー心理学の「目的論」その2
親への反抗は、「力を誇示したい」という気持ちの表れ。
正論で張り合わず、子どもの「得意なこと」で頼ってみよう。

先生、どうする!? 6

Q 息子が「学校へ行きたくない」と言っています

A コンプリメントで自信の水を注ごう

お悩み

息子が「学校へ行きたくない」と言っています。どうすればいいでしょうか?

▼「褒め言葉の公式」を活用しよう

ひとし この方の詳しい状況はわからないけど、同じように「学校に行きたくない」と悩む子は多そうだね。

はるか そうだね。このお悩みを見たとき、ちょっとどう回答するか迷いました。

ひとし どういうこと？

はるか 教師って、不登校の子と触れ合う機会はあるんだけど、専門家ではないから。だから今回改めていろんな本を読んで勉強してきました。

ひとし そっか。

はるか こうした問題に対しては、たくさん考えるべきことがあるし、ケースによっても対応の仕方がいろいろあると思います。その中でも今回は、お子さんの心にアプローチする方法をお話ししたいと思います。これは不登校の子だけじゃなくて、なんらかの問題行動がある子にもかなり有効だと思うので、ぜひ知ってほしいです。

ひとし じゃあさっそく教えてください！

はるか うん。今回紹介するのは、**スクールカウンセラーで長年不登校支援に力を入れている森田直樹[※1]さんが提唱されている「愛情と承認のコンプリメント[※2]」という方法です。コンプリメントはひと言で言えば「褒め言葉」です。**

ひとし 子どもをいっぱい褒めようってことか。

はるか そう。でも具体的に、なんて褒めたらいいのかってなかなか難しいと思うんです。とくに慣れていないと、親御さんもうまく言葉が見つからないか

※1　森田直樹：公立小学校教諭ののちに短大准教授を務める。現在はスクールカウンセラーとして活動。KIDSカウンセリング寺子屋代表として不登校支援を行う。

※2　愛情と承認のコンプリメント：森田氏は、親の力で再登校に導く支援法として、「コンプリメントトレーニング」と名付け、その方法を体系化している。参考文献『不登校は1日3分の働きかけで99％解決する』（森田直樹著、リーブル出版）

もしれない。そういうときに、この**愛情と承認のコンプリメントの公式**を覚えておくと便利なんです。

ひとし　はるか　公式！　それはたしかに知りたいな。

まず、**愛情のコンプリメントは「子どもの行動＋うれしいな」**です。前に話した**Iメッセージ（お悩み1番）**に近いですね。たとえば、「○○くんがおいしそうにご飯食べている姿見るとうれしいな」とか「朝から○○くんの元気な姿が見られてうれしいよ」とか。

そして**承認のコンプリメントは「子どもの行動＋力があるね」**です。具体的に「君にはこんな力があるね」と投げかけ続けて、子どもの力を承認していきます。たとえば「前に話したことを覚えてたね。○○くんには言われたことを身に付ける力があるんだね」とか。

▼ 不登校の真の原因は「自信」がないこと

ひとし　たしかにそれ言われたらうれしいね。でもこれが不登校で悩んでる子に対して効果があるの？

はるか　うん、効果はめっちゃある！　そもそも不登校の原因と言うと、「友だちにいじめられたのかな」「先生に嫌なことを言われたんじゃないか」と要因を特定しようと考えることが多いと思います。しかし、それはいくつもある要因の中の一つで、きっかけに過ぎないんだよね。**森田さんは、不登校の真の原因は、そういったストレスを「乗り越える自信がないこと」と断言されています。**

この愛情と承認のコンプリメントを続けていくと、「自分はいるだけでもいいんだ」という自己肯定感や、「自分にはこんなことができるんだ」という自己効力感が育まれます。

ひとし　なるほど。嫌なことがあったり落ち込むのは当たり前、だからそれを乗り越える力をつけていこうって感じなのかな。

はるか　そうそうそう！　森田さんは、**1日3分コンプリメントを行うと不登校が解決すると言ってるんです。**

ひとし　それはすごい！　とはいえ、3分って結構長いかも……？　そんなにたくさん褒めるポイントを見つけられるかな、ってちょっと思った。

はるか　うんうん、とくにやり始めたばかりだとなかなか難しいと感じる方もいるかもしれません。そういう方におすすめなのが、布石を打っておくこと。

ひとし　布石？

はるか　お子さんに何かお願い事をしておくんです。たとえば、「明日洗濯物を取り込んでおいてくれる?」とか、「ちょっとこの野菜切っておいてくれない?」とか。**そうやって布石を打っておくと、「〇〇ちゃんがお手伝いしてくれてうれしい」「〇〇ちゃんは人のために動ける力があるんだね」といった言葉をかけやすくなります。**

ひとし　たしかに、それなら必ずコンプリメントする機会が生まれるね。

▼自信を注ぎ続ければ、子どもは絶対に変わる!

はるか　そうそう。だけど、これまでそういう会話をしてこなかった親子関係だったら、コンプリメントの言葉を投げかけ始めても、最初は子どもは素直に受け取ってくれません。「何それ、気持ち悪い」とかって言われることもあるみたいです。そういう態度が続くと、「いくらやっても変わらない……」と心が折れそうになるかもしれない。**でも、絶対にそこでやめないでください。続けていれば、絶対に変わりますから。**

ひとし　絶対、なんだね。

はるか　うん、これは自信を持って言える。森田さんは「コンプリメントは子どもの心のコップに、自信という水を注ぐことだ」とたとえられています。1回コンプリメントをすると、ちょっとだけ水がたまる。それをずっと継続して、いつかコップが満タンになったときに、ようやく子どもが変わるんだよね。

ひとし それってだいたいどれくらいの時間がかかるものなの？

はるか 僕の経験では、1週間でパッと変わってくれた子もいたし、1年かけて最後にやっと変わってくれた子もいた。それだけ個人差があるのは、コップの大きさや、これまでどれくらい水がたまっているかは、子どもによって全然違うからだと思います。

とにかく、**大事なのは「コップが満タンになったら絶対に変わる！」と信じて、コンプリメントの水を注ぎ続けること。**目に見えて変化がなくても、コンプリメントを受け取るごとに、絶対に子どもの中には喜びや自信がたまっていますから。

ひとし でも、絶対たまっていくって言い切って大丈夫？　たとえば、コップに穴が空いてたりしたら、いくらやっても満タンにはならないよね。

はるか あ、良い指摘！　ありがとう。その通りで、たとえば友だちから自信を削がれるようなことを言われるとか、コップに穴が空いた状態の子もいます。そんなときどうするか。ここからは持論なんだけど、それは、**「穴を塞ぐ」か「出ていく以上に注ぐか」の2択**です。

ひとし なるほど。穴を塞ぐっていうのは、そのお友だちから離れるとか？

はるか そうそう。でも、どうすることもできない場合もあるから、そのときは穴から出ていくより多いコンプリメントを注ぎ続けるのが大事になると思います。

ひとし そこは力業なんだね（笑）。

はるか そう！　だけど、いっぱい注いでたら、だんだんちっちゃな水漏れなんて気にならなくなっていくこともよくあるから。

ひとし なるほどね。実は自分の中では不登校ってかなり少数派なイメージがあったんだけど、社会人になってから、会社に来られなくなったり、ストレスで適応障害になったりする人って結構多いなと感じるんだよね。だから、今回の話は大人にとってもすごくタメになる話だったと思う。

はるか うんうん。大人同士の関係でも、この愛情と承認のコンプリメントができたらすごくいいんじゃないかなと思います。

はるか先生のワンポイント

コンプリメント（褒め言葉）の声かけを、注ぎ続けよう。

愛情のコンプリメント
――子どもの行動＋うれしいな
「勉強してくれて、お母さん（お父さん）うれしいな」

承認のコンプリメント
――子どもの行動＋力があるね
「言われたことを身に付ける力があるね」

Q 進路で衝突。子どもの意志を尊重すべき？

A まずは子どもの「存在価値」を認めよう

お悩み

中学3年生の息子を持つ母です。息子は塾に通い、成績も学年の上位25%くらいだったのですが、9月の終わり頃、急に「通信制高校に行くから塾をやめる」と言い出しました。代わりに家でちゃんと勉強するという約束でやめましたが、今は全く勉強する様子がありません。塾をやめると言い出した少し前から、成績が悪い子とずっとつるむようになりました。その子も通信制を志望しているらしく、息子が通信制を知ったのも彼からのようです。

通信制高校を全否定するのも良くないと思い、息子に通信制を希望する理由を聞くと、「将来ハンドメイドルアーの店をやりたいから、自由な時間で釣りをして経験を積む」とのこと。「経営するならビジネスに関する勉強が必要だし、商業科の高校へ行くのもいいのでは？」と言うのですが、「全日制はテストに追われて自分の時間が持てないし、バイトもできないから嫌だ」の一点張り。「経営は本を読んだりして勉強するから大丈夫」とかなり考えが甘いように思います。

私の対応が過干渉で否定的だったりすることが、今の息子にしてしまった原因だと感じています。ですが、どんどん落ちていく息子を見ていると、どうしてもいろいろと言ってしまい……。息子が自立できるよう、サポートするにはどうすべきでしょうか？

▼本当に、「落ちている」のだろうか？

ひとし・はるか お子さんの進路についてのお悩みですね。

はるか うん。長文で詳しく現状を伝えてくださって、親御さんの深い愛情がよく伝わってきました。ただ、その親御さんの愛情と息子さんが、うまくかみ合っていないのかも、という印象も受けたんですよね。なので今回は、何か具体策や方法論を紹介するというより、もっと根本的なところに目を向けてみたいと思います。

ひとし うんうん。それにしても、この子、すごいよね？「通信制に行く」って決断を自分でしているのとかさ。俺は中学生の頃、自分で進路を決めるとかできなかったよ。

はるか そう！　間違いなく僕らが15歳の頃より自立してるよね。やりたいことを明確に持ってて、それに向けて自分で計画を考えている。その意志が本当に尊いなと思います。

ひとし・はるか どうすれば親御さんの愛情が良い方向へ向かうのか考えたいね。

はるか 文面の中で少し気になったのが、「落ちていく」という表現です。もちろん勉強や進学は大事なことだし、親御さんの心配は痛いほどわかります。でも、本当に落ちているのかなってところをまずは見直したい。
そこで今回は「人間の価値」についての考え方を紹介したいと思います。**公認心理師でアドラー心理学に詳しい小倉広さん**[※1]**は、人には「機能価値」**[※2]**と「存在価値」という二つの価値がある、と分類されています。**機能価値というのは、人の能力に注目した価値で、たとえば「この人は勉強ができるからすごいね」とか「仕事ができるから価値のある存在だ」と考えるもの。一方、存在価値は「何ができるかできないかは置いておいて、その人の存在そのものに価値があるよね」と考えるものです。
たとえば、学校とか会社で評価が低かったとき、「自分には存在価値がないんじゃないか……」って悩んだことない？

ひとし ある！　俺はもう何回もそうやって悩んできた。

はるか そうだよね。でも、評価というのは機能価値による価値基準でしかないんです。小倉さんは、そもそも機能価値と存在価値というのは全くの別物で、**たとえ評価（機能価値）がどれだけ低かろうが、あなたの存在価値は1ミリも変わらずある、**と断言されています。ここが大事なんだよね。

ひとし なるほど、全くの別物……。

※1　小倉広：公認心理師、アドラー派の心理カウンセラー。主に経営者、ビジネスマンを対象とする企業研修などを行う。株式会社小倉広事務所代表取締役。

※2　機能価値、存在価値：小倉氏がアドラー心理学の「勇気づけ」をわかりやすく理解する手助けとして用いた言葉（アドラー心理学の考えではない）。参考文献『もしアドラーが上司だったら』（小倉広著、プレジデント社）

はるか　「勉強ができるか」「良い学校に進学できるか」という機能価値から考えたら、たしかにこの息子さんは「落ちている」と言えるのかもしれません。でも、それとは別に、息子さんには存在価値がある。それは見失わないでほしいな、と思いました。

ひとし　うんうん。

はるか　そして、**小倉さんは「自分の存在価値を理解していることは、結果的に、機能価値の向上に寄与することにもなる」と主張されています。**機能価値を重視すると、たとえばテストで良い点数が取れたら「自分は価値ある存在だ」と思えるけど、悪かったら「自分は価値がないのかも」と感情が揺らいでしまいます。その結果、モチベーションが不安定になって、結果的に成績（機能価値）も落ちていく。一方で、「テストの点にかかわらず、自分はここにいる価値があるんだ」と真に理解できていれば、感情の波ができにくくなる。それがモチベーションの安定につながって、成績を上げることにもつながっていくんだ、と。

▼ 意志を認めた上で、具体策を話し合おう

ひとし なるほどね。とはいえ、実際にこの親御さんの気持ちになって考えたら、息子さんの選択を受け入れるのは心配だし、難しいって思うかも……。

はるか そうだね。**僕も「子どもの言うことはすべて肯定してほしい」と思ってるわけじゃありません。**むしろそれはちょっと存在価値側に寄りすぎた考え方かもしれない、と思います。

たとえば、会社での人間関係で考えてみましょう。お互いが機能価値を軸につながり合って「この人は何ができるか」「何をしてきたか」だけで判断すると、きっと社内の人間関係は希薄になるし、殺伐とした雰囲気になりますよね。それじゃあ気持ち良く働けないし、うまく会社は回らないと思います。

一方で、お互いが存在価値を軸に「いてくれるだけでいい」「何をしたってあなたの価値は変わらないよ」とつながり合っていたら、ただの仲良し集団で終わってしまって、売り上げや成績を気にしなくなるかもしれない。それでは成長がなくなるし、ビジネスとしてうまくいくはずがありません。

つまり、機能価値でも存在価値でも、どちらかに大きく偏ると、どこか破綻してしまうんじゃないかなと思うんです。同僚や部下の存在価値を認めて、お互いを尊重し合うのはもちろん大事だし、それと同時に実績や結果について機能価値で冷静に判断すべきときもある。両方のバランスが大事だと思うんですよね。

ひとし なるほど。

はるか お子さんが社会に出ていくための進路決定も同じで。機能価値のほうにだけ目を向けて「こうしたほうがいい」「将来のためにこうすべき」って言葉が増えてしまうと、息子さんの心が離れてしまったり、ますます勉強へのやる気を失ってしまったりするかもしれない。一方で、存在価値だけに目を向けて全肯定していたら、将来的に後悔する選択になるかもしれない。やっぱり子どもはまだまだ知らないこともあるし、このお母さんがおっしゃるように「考えが甘い」ということもあると思うので。

だからまずは、自分で意志決定しようとする姿勢を肯定したり、存在価値を認める声かけをしていく。すると、いろんな選択肢を調べたりするモチベーションも生まれると思うんです。**そして次に、お子さんの意志について、「その選択に根拠があるのか」「目標のために妥当な選択なのか」といった点をしっかり話し合っていく**といいんじゃないでしょうか。それが、お互いに後悔のない進路選択につながっていくのかなと思います。

ひとし　なるほどね、機能価値も存在価値もどちらも大事、と。だけど、今回のお悩みの場合では、まずは存在価値を認める声かけから考えるといいってことだね。

はるか　そうそう。まずは**「あなたがいてくれるだけでうれしいんだよ」っていう親御さんの愛情が、しっかり息子さんに伝わることが先決**なんじゃないかと思います。

はるか先生のワンポイント

まずは自分で意志決定する姿勢を肯定しよう。（存在価値）
その上で、子どもの進路を具体的に話し合ってみよう。（機能価値）

Q 素直に謝れない息子。どうすれば反省できる？

A まずは自分の気持ちを吐き出してもらおう

お悩み

小学3年生の息子は、もともと口が達者で、成長期と共に頭の回転が速くなったのか、最近は理詰めで問い詰めるようなことをよく言います。

昔から謝ることに対してのハードルが高いようで、友だちにきつい言い方をしてしまっても、謝れないことが多々あります。

その都度、息子には「○○なことが嫌だったんだね」と共感しながら、「でも相手を嫌な気持ちにさせたことに対しては謝れるようになろう」と伝えてきましたが、なかなか素直に謝れません。素直に相手の気持ちを受け入れ、感謝や反省ができるようになるには、どうすればいいのでしょうか？

▼「反省」が起こるメカニズム

ひとし　素直に謝れないというお悩みです。小3だと、よくありそうなことだね。

はるか　そうだね、なかなか素直に謝れない子は多いと思う。でもしっかりと反省して、素直に謝ることができる心を育てていきたいよね。

ひとし　ちゃんと反省してこそ「謝らなきゃ」と思えるわけだからね。うん。そこで今回は、人間が自分の過ちを反省するにいたるプロセスからお話ししたいと思います。

はるか　臨床教育学者で、刑務所での受刑者の更生支援にも携わっていた岡本茂樹[※1]さんは、著書『反省させると犯罪者になります[※2]』の中で、反省のメカニズムをこう説明されています。**本当の反省は、自分の気持ちをすべて吐き出した後に自然と起こるものだ**、と。

※1　岡本茂樹：臨床教育学者。元立命館大学産業社会学部教授。大学での研究・教育活動のかたわらで、刑務所での受刑者の更生支援にも携わった。

※2　参考文献『反省させると犯罪者になります』（岡本茂樹著、新潮社）

ひとし　どういうこと？　自分の気持ちを吐き出す？

はるか　吐き出すっていうのは、たとえば人に話すとか、書き出すとかかな。
岡本さんは罪を犯した人を事例に語られているんだけど、受刑者は、自分自身の中にある悲しみや苦しみといった感情を吐き出してようやく、心の奥から自然と謝罪の言葉や反省が湧いてくるとおっしゃっていました。

ひとし　なるほど……。

はるか　もうすこしわかりやすいように、僕の体験談を話してみるね。
僕もかつては、子どもに対してどうにか反省させようとしていました。たとえば、友だちを叩いてしまった子がいたら、「なぜ叩いたらいけないのか」と理屈で説明をして、「反省しようね」「『ごめんなさい』を言うのは大事だよ」と説いていたんです。
でも、たとえどれだけ正論を伝えても、納得しない子が多くって。口では「ごめんなさい」と言うけれども、僕の顔をにらみつけていたり、どう見ても反省していないな、と思うことがよくありました。

ひとし　「とりあえず謝ればいいんでしょ」みたいになっちゃうのか。

はるか　そうそう。そんなときに岡本さんの本を読んで、**僕も、まずは子どもたちの話を聞くことに徹するようにしてみたんです。**たとえば、「こんなことが嫌だったんだね」と気持ちを代弁したり、「それは嫌な気持ちになるね」と共感したり。そうやって聞き続けていたら、自然と子どもが「だけどやっぱり叩いちゃいかんかったな」って言い出したんだよね。

ひとし　へぇ！　自分から反省を口にしたんだ。

はるか　そう、こっちが質問したわけでもなく、勝手に子どもからそんな言葉が出たから、本当にびっくりした。そのとき、「これが反省までの流れなんだ」と体感できた気がしたんです。

ひとし　なるほどね。言われてみれば自分も思い当たる節があるかも。

はるか　ひとしも経験ある？　どんなとき？

ひとし　たとえば仕事でミスをして、上司から叱られるとき。その瞬間って、どうしてても「ミスは自分でもわかってるし」「なんでそんな言い方するんだろう」みたいな感情がブワーッて湧いちゃうんだよね。心の中で、言い訳とか反発心とかを出し切った後に、やっと冷静になって「でも、俺があのときこうしたら良かったな」と本当に反省できる気がする。

はるか　まさにそれだね！　もちろん子どもによっては、自分だけではそこまで感情がたどり着かない子もいます。**そういうときは、話をしっかり聞いた後で、「〇〇くんの気持ちはすごくよくわかった。だけど、それって相手の**

○○くんにとってはどうだったのかな?」と相手の視点で問いかけてあげるといいと思います。

ひとし なるほど。

▼ なるべく大人は口を挟まない!

はるか ただし**注意してほしいのが、なるべく最後まで口を挟まずに聞くこと。**大人はどうしても途中で口出ししたくなっちゃうと思うんです。「いやいや、何があっても暴力はダメでしょう」とか。でも、そうやって途中で正論で跳ね返されるってわかってしまったら、子どもはもう何も話してくれなくなります。だから、まずは聞くに徹する。相手の目を見てじっくり話を聞いてあげてほしいです。

ひとし ちょっと気になったのは、これって前にやった**アドラー心理学(お悩み4・5番)**とは真逆のアプローチじゃない? アドラー心理学では、問題行動について、原因より目的を考えようって言ってたよね。だけど、今回の「子どもの話を聞く」っていうのは、原因を突き止めようとしている感じに思えるんだけど……。

はるか　ああ、まさにそう。アドラー心理学の目的論の考え方は、何かの解決策を導き出したいときにはすごく良い考え方なんだけど、今回のお悩みは「どうしたら感謝や反省ができるようになるのか」だったじゃない？　だから、問題を解決するというよりは、子どもの心に向き合うアプローチがいいのかなと思ったんです。

ひとし　そっか、俺はちょっと親御さんのお悩みが抜けちゃってたな。

はるか　いや、すごく良い指摘！　ありがとう。僕はよくアドラー心理学の話をしているけど、それだけで子育てすべてに立ち向かえるとは思っていなくて。むしろアドラー心理学と異なる考え方も知った上で、**バランス良く、目の前の子どもに合わせた対応をするのが大事**だと思います。

はるか先生のワンポイント

反省するには、
まず自分の気持ちを吐き出すことが大事。
じっくり話を聞いてあげよう。

Q 夜中までゲームに夢中。やめさせるべき？

A 利用しない時間と場所を一緒に決めよう

お悩み

13歳の息子がいるのですが、ゲームが大好きで、どれだけ注意しても、平日であろうと、夜中までゲームをしています。友だちとボイスチャットをしながらなので、余計にやめられないようです。彼の健康状態が心配で、本当に悩んでいます。言ってもどうせ聞かないからといって、このまま放っておくのも違うと思うのですが、できれば自分自身で「この生活は良くない」と気づいてほしいなという気持ちもあり、今は彼を信じて見守っていますが……。

▼ゲームやスマホは「中毒性」が高い

ひとし 夜更かししてまで長時間のゲームをやめられない、というお悩みです。他にも、たとえばスマホでSNSを見ちゃうとか、動画を観続けてしまうとかも似たようなお悩みに思えるね。

はるか そうだね。この手の相談は学校でも本当に多くありました。夜中までゲームやスマホをして、全然寝ずに学校に来る子とかもいて。学校でかなりしんどそうだったり、授業についていけなくなったり、かなり深刻な問題になってるんだよね。

ひとし そうなんだ。

はるか まず、この方がおっしゃってる「彼を信じて見守る」という考え方はすごく素敵だと思います。僕もいつも子どもに自律してほしいと思っているし、基本的に管理はしたくないなって方針です。**でも、子どもに任せられることと任せられないことがあるのも事実なんだよね。**

ひとし それがゲームってこと?

はるか　そう。**ゲームって、脳の報酬系**[※1]**を強く刺激するんです。**何か起こるかも、クリアできるかも、という期待があおられて、ドーパミン[※2]が大量に分泌される。あるいは、SNSなんかもそう。見ていると、もっと新しいことを知りたい、何か大事なことを知ることができるかも、とドーパミンが急増する。**ドーパミンは一気に増えると、その反動でガクンと減るらしいんです。**しかも、そうやって急落すると、気分が強く落ち込んだり、憂鬱になったりする。だから、その落ち込みをまたゲームやSNSで回復させようとする。……**このサイクルに陥ると、ゲーム依存やSNS依存になってしまうわけです。**[※3]もっと悪化すると、ゲーム以外のやる気が全く起きなくなって、無気力状態になってしまうこともあります。

ひとし　なるほどね。つまり、ゲームとかSNSは刺激が強すぎて、依存症になりやすいってことか。

はるか　そうそう、中毒性が高いんだよね。そうした衝動を制御する脳の領域は、25~30歳になるまでは未発達だと言われています。[※4]**つまり、ゲームの使用時間や使用方法を自分の意思でコントロールできるようになるのは、少なくとも25歳くらいからってことなんだよね。**

ひとし　へぇー。言われてみれば、大学生のときもゲームやめられなかったりした

※1　報酬系：欲求が満たされたときや、満たされるとわかったとき、あるいは報酬を期待して行動しているときに活性化し、快感をもたらす神経系。

※2　ドーパミン：楽しいことをしているときや目標を達成したとき、褒められたときなどに分泌される神経伝達物質。「幸せホルモン」「快楽物質」などと呼ばれることもある。分泌されると、意欲や集中力を高めたり、幸福感を覚えたり、物事を前向きに考える力をもたらしたりする。分泌が過剰になると、統合失調症や過食症、様々な依存症を引き起こす可能性がある。

※3　参考文献『ドーパミン中毒』（アンナ・レンブケ著、恩蔵絢子訳、新潮社）

なぁ。

はるか そうそう、今でも難しいときあるよね？

ひとし うん（笑）。疲れてるときとか、ずーっとショート動画観ちゃってる。

はるか だから、**「ゲームやスマホの使い方を子ども自身でコントロールすることはできないんだ」という前提に立って、まずは大人が補助輪をつけてあげるのが大事なんです。**そして、徐々に補助輪を外して、いずれは子ども自身がコントロールできるようになればいいな、と。

▼デジタルデバイスを適切に使う教育に変化

ひとし なるほどね。じゃあどういう補助輪がいいんだろう？

はるか そこで、今回はデジタルシティズンシップ※5教育の考え方を紹介したいと思います。

ひとし デジタルシティズンシップ……？

はるか シティズンシップは「市民権」の意味。これまでは、ゲームとかデジタル分野に関する教育って、「情報モラル教育※6」と呼ばれるものが主だったんです。「モラル」だから、心へのアプローチですね。たとえば「ゲームを

※4 参考文献『スマホ脳』（アンデシュ・ハンセン著、久山葉子訳、新潮社）

※5 デジタルシティズンシップ教育：デジタルシティズンシップとは、デジタル技術の利用を通じて、社会に積極的に関与し、参加する能力のこと。デジタルシティズンシップ教育は、デジタルの利活用を前提とし、それを叶えるための能力や行動規範を学ぶための教育。

※6 情報モラル教育：情報社会で適正な活動を行うための基になる考え方と態度を育むための教育。日本の学校教育では、2008年告示の小、中学校の学習指導要領の改訂によって本格的に開始された。

しすぎると成績が下がるよ」とか「SNSに写真を投稿すると悪用されて大変なことになっちゃうよ」とか、すごく怖いことだと植え付けて、なるべく遠ざけようとするようなものでした。

ひとし　なんか薬物防止の授業みたい。

はるか　あ、そうそう！　あれに近い指導が主だったんです。
でも、今は1人1台タブレットを持っている時代です。ほぼ全員がスマホを持っているし、子どもたちがデジタルデバイスを使うのは、もう変わることのない大前提。むしろ、積極的に活用しなきゃいけません。だから、**子どもが自立して適切な使い方ができるように教育していきましょう、という方向性に変化していってるんだよね。**これが、デジタルシティズンシップ教育の考え方です。

▼利用しない時間と場所を決めてみよう

ひとし　じゃあ具体的にこのお悩みの場合とかだと、どんなことをしていけばいいの？

はるか　このお子さんみたいな状況にあるとき、僕がこんな話をすると、最初はみなさん「利用時間を決めよう」とされます。

ひとし　俺もまずはそこかな、と思った！

はるか　そうだよね。だけど、これかなり難しい。お悩みにも書いてあるけど、友だちと通信してたりする場合もあるから「キリが良いところまで」とかってなりやすいんだよね。

ひとし　あぁ、「あと30分だけ！」とか「このステージクリアするまで！」とかありそうだね。

はるか　そうそうそう。しかも、管理する大人側も、ずっと時間を計っとかなきゃいけないとなると大変です。だから、**利用時間を決めるよりも、「利用しない時間と場所を決める」のがいいと思います。**

ひとし　「22時以降はゲームやめようね」とかそういうこと？

はるか　そう！　そして、ここで大事にしてほしいことがあって。前に**アドラー心理学の「論理的結末」**の話をしたと思うんだけど**（お悩み2番）**、覚えてる？

ひとし　えーっと、注意する理由を論理的に説明したり、子どもも納得できる正しい約束の仕方が大事って話だった、よね？

はるか　素晴らしい！　それをここでも活用してほしいんです。まずは「なぜゲームをしすぎると良くないのか」ということを論理的に伝えてください。たとえば「寝る前にブルーライトを浴びると睡眠の質が落ちて、身長が伸びにくくなったり、勉強が身に付きにくくなったりするんだって」とか。そして、**「だから一緒に利用しない時間を決めよう」と、子どもと一緒にルールを決めましょう。**さらにルールを守れたかどうか、毎回ふり返っていけたらすごくいいです。

ひとし　なるほど。その「一緒に決める」っていうのがポイントだったよね。

はるか　そうそう、大事！　**あとは場所を決めることも大事です。**子どもが自分の部屋にゲームを持っていけるようにすると、いつまでもやっちゃうから。なので、たとえば「ゲームはリビングに置いておいて、そこで使う」ってあらかじめ決めておく。そうすれば、親御さんも一緒に「利用しない時間」を守れているか確認できます。

ひとし　なるほど。ぜひこの方にも実践してみてほしいね。

はるか　ただ、もちろんすんなりうまくいくわけはなくて。「なんで守れんと？」「自分で言ったやん！」ってイライラすることもあるだろうし、実際叱ってしまうこともあると思います。

だけど、あくまでも最終的な目標は「自分でゲームやスマホの使い方をコ

ントロールする力をつけること」。しかも、これはお子さんも親御さんも共通の目標です。なので、そこを見失わずに、なかなかうまくいかなくても、二人三脚で対話を重ねながら良い使い方を探っていってほしいなと思います。

はるか先生のワンポイント

ゲームやスマホの使い方を、子ども自身でコントロールすることは不可能！
論理的結末を用いて、「なぜダメなのか」と「ルールの設定」を話し合おう。

先生、どうする!?

10

Q 娘の遅刻癖が直りません

A トークンシステムで行動を整えよう

お悩み

長女は遅刻に対してあまり悪い印象がないみたいなんです。幼稚園の年少の頃から登園時間に間に合わないことがたまにあり、小学校に入った今も同様です。起こしてほしいと言われているので、起きるまで何回も起こすのですが、起きません。何度も起こしていると、大泣きしてすごく不機嫌になります。学校からも「育児が大変そうだけど大丈夫？」と心配されていて、正直毎日しんどいです。朝の起こし方や遅刻に対しての向き合い方で、何か良い方法はありますか？

▼ 遅刻する人＝ルーズな人とは限らない

ひとし お子さんの遅刻癖についてのお悩みですね。これは学年にかかわらず結構お悩みの方も多そうだね、中高生とか。

はるか うんうん。お悩みの冒頭で「遅刻に対してあまり悪い印象がないみたい」っておっしゃっているよね。**でも僕は、遅刻が悪いことも、遅刻しないほうがいいこともお子さんはわかってると思うんです。だけど、起きられない。つまり、そこに「乗り越えられない壁」があるんじゃないかな、だから乗り越えるお手伝いをしてあげたい、と思いました。**

ひとし なるほど、はるか先生はそう考えるんだ。

はるか ひとつ遅刻に関するおもしろい話を聞いたことがあって。遅刻しがちな人1万人を集めて性格を調査してみたら、なんと、ルーズな性格の人はたった19%で、残りの81%はルーズな性格ではない、という結果だったそうなんです。

ひとし えっ、意外！　遅刻する人＝ルーズな人って印象あるのに。

はるか そうだよね。どうしても、遅刻する人を見たら「だらしない！」「甘えだ！」とかって原因を単純化して、個人を責めるだけになることが多いと思うんだけど、それじゃあ解決策は見えてこない。だから、もっときっかけや原因を見つめ直して、どうすれば改善できるのかを考えるのが重要だと思うんですよね。

ひとし なるほど、抽象的な言葉で片付けない。

▼遅刻しやすい人が「乗り越えられない壁」とは

はるか そうそう。それで、実際に遅刻する人が直面している「乗り越えられない壁」はなんだろう、といろいろ調べてみたんです。そこで、「こども発達支援研究会」[※1]という団体の資料を見つけて。主にADHD[※2]の人の特性に言及したものなんだけど、そうでない人にも参考になる部分があると思ったので、ちょっと紹介させてください。

遅刻しやすい原因の一つめは、不注意による忘れ物。モノを探したり、整理したりするのに時間を取られて、気がつくと遅刻しちゃうってパターンですね。

そして二つめが、ドーパミンの調整が困難だということ。多くの人は、興

※1　こども発達支援研究会：一般社団法人。専門家や研究者によって明らかになった発達支援の知見を、現場で活用できるよう、ノウハウを蓄積していくことを目的に、特別支援教育士や公認心理師などのメンバーで運営されている。

※2　ＡＤＨＤ：注意欠如・多動症。不注意や多動性、衝動性を特徴とする神経発達症。学校教育では、通級による指導の対象とされる。

味関心がなくても「今日は学校がある日だ」とか、ある程度の動機があれば、ドーパミンが出て、体が動くようになっているそうなんです。でも、そのドーパミンの調整が難しい人もいて、本当に興味関心の高いことにしかドーパミンが分泌されない。だから、そもそも体が動きにくいんです。

ひとし　なるほど、遅刻がどうってより、もう体が動かないんだ。

はるか　そうそう。**三つめが、脳の報酬系に困難があって、目の前の報酬（やりたいこと）をどうしても我慢できないパターン。**たとえば、虫を見つけたらのめり込んじゃうとか、テレビを観ちゃったら離れられないとか。
これを知ると、遅刻や寝坊を単純に「気合いが足りん」とか「甘えだ」と考えるのはちょっと違うかもって思えませんか？　本人の頭の中では、こんな葛藤があって、毎朝サバイバルな状態で準備しているのかもしれない。お悩みの娘さんは、こんな状態に近いんじゃないかな、と思いました。

ひとし　娘さんは遅刻がダメだと思ってないんじゃなくて、もしかしたらダメだとわかってて葛藤してるのかもってことか。

▼ 朝に「喜び」をつくることなどがおすすめ

はるか　そうそう。そこでまず、明日からできる方法として、小児科専門医の成田[※3]奈緒子先生が紹介されていた、**朝に喜びをつくる方法を紹介したいと思います。** さっきの二つめの原因を逆手に取ると、興味関心の高いことではドーパミンが分泌されやすかったりするんだよね。だから、その特性を利用して、たとえば子どもの好きな音楽や動画、おもちゃと共に起こすとか、そういう楽しみを用意して朝を迎えるんです。

ひとし　なんかクリスマスのプレゼントがあるから早起きしちゃうのと似てるかも（笑）。

はるか　たしかに！　毎朝プレゼントを用意するみたいな感じかも。
実際、最近個別相談を受けてる中学3年生の子をもつ親御さんに、この方法を紹介したんですよ。中3だとおもちゃとかはもう使えないので、お子さんご自身に「何がいい？」と聞いてみたら「朝ごはんがテンション上がるものだったらいいかも」と。それで「明日は一緒に朝ごはんを買いに行こう」と決めたら、次の日は起きられて、朝ごはんを一緒に食べたんだそ

※3　成田奈緒子：小児科専門医。臨床医、研究者として活動しながら、さまざまな知見を融合した新しい子育て理論を展開している。2014年より子育て支援事業「子育て科学アクシス」代表。参考文献『「発達障害」と間違われる子どもたち』（成田奈緒子著、青春出版社）

うです。それ以来、このやり方がすごくうまくいってるみたいで、「週5日も起きられました！」と喜びのメッセージをもらいました。

ひとし　すごいね、本当に効果あるんだ！

はるか　そうなんよ！　もう俺もめちゃくちゃうれしくて！
でも、もちろん中には、これだけじゃ改善が難しい子もいると思います。最初はいいけどなかなか続かなかったり。

ひとし　そういう人はどうしたらいいの？

はるか　**「トークンシステム」[※4]という方法がおすすめです。トークンっていうのは、ポイントのようなもの。**たまったら何か交換できますよ、という仕組みです。学校ではよくシールを使っていました。

ひとし　なんかラジオ体操のスタンプみたいだね。

はるか　まさにそう！　たとえばこの娘さんだったら、まず「朝遅刻せずに登校しよう」という目標を立てる。それが達成できたら、一つシールをもらえる。そしてシールが10個たまったら、大きなシールがもらえるようにする。大きなシールが三つたまったら、何か好きなことをしようね、とかって楽しみをつくるんです。

ひとし　なるほどね、その楽しみも一緒に決めるのがいいの？

※4　トークンシステム：トークンと呼ばれる報酬を活用して、子どもたちの望ましい行動を強化する行動療法。療育の現場や、通常の学級運営などで広く取り入れられている。

はるか そうそう。「○○にお出かけしよう」とか「カードを一緒にやろう」とか、**その子にとっての楽しみをつくるのが大事です。**子どもは、シールをもらえるってだけでもモチベーションが上がるし、「大きいシールをもらう」「○○に行く」と目標が明確に可視化されると、よりやる気を出してくれます。親御さんにとっても「今日、目標クリアできたね」という励ましにプラスして、「こんなにシールたまったね！」とか、毎日お子さんの成長を認める時間を持てたり、**コンプリメント（褒め言葉／お悩み6番）**を増やして継続できるって良さがあるんだよね。

ひとし たしかに楽しく続けられそうかも。でも、これってちょっと報酬で動いてる感じがしない？ 子どもの心は変わってないっていうか……。

はるか そうそう、最初はね。でも、今回のように「まずは行動を整える」ことが大事になる場面もたくさんあると思うんです。「できた」という成功体験が積み重なることで、自信もつくし、生活リズムも整っていく。そうして「時間を守ったらこんな良いことがある」と実感していくことで、子どもも時間を守ることの大切さを本当の意味で理解していけるはずです。

ひとし **なるほど、行動を変えることを通して、心を変えていこうってことか。**たしかに、俺も部活で半ば無理やり挨拶がんばるようになったら、先生から

「君いいね!?」って褒められるようになって、挨拶大事なんだなって学んだ気がする。

はるか

そうそう！　子どもの心に働きかけるのはすごく大事だけど、行動をコントロールできるようにサポートしてあげることも大事。心へのアプローチと行動へのアプローチは、子育てや教育における両輪なので、どちらも大切にしていきたいよね。

はるか先生のワンポイント

遅刻せずに済むように、「楽しみ」をつくってあげよう！ポイントと報酬の「トークンシステム」で、モチベーションを高めてあげるのも一つ。

Q 子どもの口の悪さが気になります

A 「なしなしルール」でポジティブワードに変換!

お悩み

YouTubeの影響か、子どもの口がどんどん悪くなっていきます。友だちとゲームをしているときなど、かなり言葉遣いがひどいです。どうしたらいいでしょうか?

▼なんで、「悪口」はダメなのか？

ひとし　お子さんの口の悪さについてのお悩みですね。ＹｏｕＴｕｂｅからは影響を受けやすそうなイメージがあるね。

はるか　そうだね。今回は、お子さんにこんな語りかけをしたらいいですよ、という内容を具体的に紹介したいと思っています。[※1] 実は僕たちのポッドキャストって、結構子どもも聞いてくれてるらしいんだよね。

ひとし　たしかに、「子どもと一緒に聞いてます」って言ってくださるリスナーさんもいるよね。

はるか　なので今回は、お子さんにそのまま聞いてもらうつもりでお話ししてみたいなと思います。じゃあひとしくん、子ども役をしてくれる？

ひとし　はーい。

はるか　「悪口はダメ」「悪い言葉遣いは良くない」ってよく言われると思うけど、ひとしくんは、悪口ってなんでダメなんだと思う？

ひとし　うーん、言われたお友だちが嫌な思いをしちゃうからかな？

はるか　おぉ、相手の気持ちを考えられてるんだね。でも実は、悪口とか悪い言葉

※1　参考文献『心を育てる語り』（渡辺道治著、東洋館出版社）

遣いって、周りの人だけじゃなくて、一番はひとしくん自身に悪影響があるものなんだよ。

ひとし　え、僕??

はるか　そう。たとえば、お友だちとゲームしてるときに「クソー!」って言ったり、お友だちの悪口を言ったときって、ちょっと楽しい気分にならない?

ひとし　うーん、なるかもしれません。

はるか　実はね、**悪口を言ってるときは、脳の中でドーパミンっていう物質が出るようになってるんだ。**だからお酒を飲んだり、薬物を摂取したときと同じように依存性があるものなんだよね。悪口を言えば言うほど楽しくなるし、もっともっとその楽しさがほしくなる。だから、悪口をちょっと言ってたら、どんどんひどい言葉にエスカレートしていって、いずれは悪口しか言わなくなる……なんてことが起きちゃうんだよね。

ひとし　へぇー、そうなんだ。

はるか　しかもね、**悪口を言うと、ドーパミンだけじゃなくて、ストレスホルモン**[※2]**も出るようになってるんだ。**これは体や脳に悪い影響を及ぼす物質で、ひとしくん自身がかなりしんどくなる。これを知ったら、悪口ってちょっと怖いところもあるなあ、と思わない?

※2　ストレスホルモン…ストレス刺激によって体内に放出され、ストレス反応を引き起こすホルモンの総称。代表的なものに、コルチゾールやアドレナリン、ノルアドレナリンなどがある。

ひとし　うん。

はるか　逆に良い言葉を使うとどんな影響があるかっていうのもお話しするね。**「うれしいな」とか「ありがとう」「最高！」とかって良い言葉を使うと、脳の中でベータエンドルフィン**※3**という幸せを感じる物質が出るんだ。**これがたくさん出ると、病気から体を守ってくれる免疫力が高まったり、脳が活発に動いて物覚えが良くなったり、ストレスが解消されて気分が上がったりするんだよ。
ひとしくんにとって良いことがたくさんあるから、これからは悪い言葉を使いたくなったら、良い言葉に変換するようにしてみようよ。

ひとし　うん、わかった！
……という話をするわけか。

はるか　そうそうそう。学級で、脳の絵を描いたりしてこの説明をすると、子どもたちは「えー、知らんやったー！」って、かなりおもしろそうに聞いてくれるんだよね。**さらに、「悪口を聞くほうも同じようにストレスがかかるんだよ」ってことも伝える**と、クラス全体で「悪口や悪い言葉をなくそう」ってムードができあがるんです。

ひとし　なるほどね。

※3　ベータエンドルフィン：脳内神経伝達物質の一つ。痛みをやわらげる、ストレスを軽減する、多幸感をもたらすなどの効果が得られる。モルヒネに似た働きを持ち、「脳内麻薬」と呼ばれることもある。

▼「なしなし」で取り消して、ポジティブな言葉に変換

はるか　だけど、もちろんすぐには変われません。習慣になってしまっていて、子どもは、すぐ「だるー」「うざっ」みたいな言葉を言ってしまうんだよね。

ひとし　たしかにすぐ口調を変えるとかって難しいよね。

はるか　**だから先にルールをつくっておくんです。名付けて「なしなしルール」。**

ひとし　なしなしルール？

はるか　そう、**悪い言葉を言ってしまうのは仕方ないけど、その後すぐに「今のなしなし！」ってポジティブな言葉に変換しようね、というルールです。**子どもが「クソ！」って言ってしまったときに、僕はその子をチラッと見て「あっ」と言う。そしたら子どももすぐに気づいて、慌てて「今のなし！」って変換しようとしてくれます。このやりとりが結構楽しいんだよね。

ひとし　なんかかわいいね（笑）。

はるか　そうそう。だんだん友だち同士でも「あっ」って指摘し合うようになっていくの。最初はこのやりとりを楽しみながら、何回も練習を重ねていく

と、だんだん悪い言葉を使わずに良い言葉に変換することが子どもたちの中でもクセづいていきます。**最終的には教室中にポジティブな言葉が飛び交うようになる。**

ひとし　すごいなぁ、それは。

はるか　これはもう本当に！　僕は３クラスで実践して、３クラスとも効果がすごくありました。もしご家庭でも取り入れてもらえたら、子どもも大人もみんな良い言葉を使うようになって、家庭の空気が変わります。すると、表情も変わるし、行動も変わっていくはずです。

ひとし　たしかに、家庭の雰囲気がガラッと変わりそうだね。

はるか先生のワンポイント

なしなしルール

悪口を言ってしまった後は、「今のなしなし！」と言って、ポジティブな言葉への変換をクセづけよう。

Q 嘘ばかりつく娘。どうしたらやめられる？

A 「嘘」という言葉を使わず、望ましい姿を伝えよう

お悩み

中1の娘が嘘ばかりつきます。「嘘はダメ」と何度言ってもやめてくれません。また、嘘を指摘すると、嘘をついたことに対して開き直ったり、大声で泣き叫んだりします。どうしたらいいでしょうか？

▼否定的な言葉をかけて、良い結果が生まれることはない！

ひとし　子どもが嘘をつく、というお悩みです。子どもの嘘は、よくあることのような気もするけど。

はるか　そうだね。僕も教師時代によくあったんだけど、嘘つかれるのって、めちゃくちゃショックで。「あんなに信頼関係があると思っていたこの子が、自分に嘘をつくなんて」って。

ひとし　そっか、ちょっと裏切られた感じがしちゃうんだね。

はるか　うん。「こんなスラスラ嘘つくんだ」って衝撃を受けたこともある。だから僕も感情的になって「なんで嘘ついたの？」と叱ったりもしていました。なので、このお悩みにはすごく共感します。

ひとし　どうしたらいいんだろう？　嘘って減らせるのかな？

はるか　**僕の結論は、「嘘を減らしたいなら嘘という言葉は使わないこと」です。**

ひとし　「嘘」を使わない？

はるか　ちょっと実験してみようか。

たとえば、梅干しってあるよね？　すっぱくてしわしわで赤い、あの梅干しです。ひとしくん、今は絶対にその梅干しを想像しないでください。梅干しを想像しちゃダメです。

……どう？　想像しないでいられた？

ひとし　いや無理でしょ（笑）。難しすぎるよ。

はるか　ははは、だよね！　もしも、梅干しを想像してほしくないなら、「梅干し」って言葉を使ったらダメなんです。「梅干し」のワードを使えば、絶対に頭の中には梅干しのイメージが浮かんでしまうから。

ひとし　そういうことか。それと同じで、「嘘」って言葉を使うと、「嘘」が頭に残っちゃうんだね。

はるか　そうそう、「自分は嘘をつく人間なんだ」って認識が頭に残ってしまう。さらに「嘘はダメだよ」と言っていると、「自分はダメな子なんだ」というセルフイメージも生まれるかもしれない。

これは僕の感覚的な意見になるんだけど……。**「これはダメ」と否定的な言葉を使い続けて、良い結果が生まれることってないんだよね。**

ひとし　なるほど。

はるか　だから、**「嘘はつかないようにしよう」よりも、「正直に言うと気持ちが良いよね」とか「誠実な人は素敵だよね」と伝えるのが大事だと思います。**

ひとし　他にも、嘘をつく前から「何かに失敗することは誰でもあるから、失敗したときに、素直にそれを認めて謝ることが大事だよね」ということを伝えたり。そういう正しい姿をイメージできる言葉を浴び続けると、子どもたちはだんだん変わってくれるんです。

はるか　たしかに、「嘘ついちゃダメ」って言われると、嘘ついて怒られる自分を想像しちゃうけど、「誠実な人って素敵だよね」って言われると、正直に話している自分をイメージする気がする。不思議だ。

ひとし　まさにそう！　**「〜しようね」と望ましい姿を具体的に伝えていくと、子どもたちの行動やセルフイメージも良い方向に向かうんだよね。**

▼「肯定語」に置き換えるときは、遊び心を取り入れて

ひとし　はるか先生は、そういうふうに否定的な叱り言葉を、肯定的に言い換えるプロなわけじゃん。

はるか　うん、もう日常的にやってるからね。

ひとし　じゃあ、ちょっと問題出してみてもいい？

はるか　もちろん！

ひとし　まずは、「デパートの中は走り回っちゃダメ！」。これはどう？

はるか　ここで、みなさんがパッと思い付くのは「ゆっくり歩こうね」とかだと思うけど……、僕が好きなのは「忍者みたいに忍び足でいこうね」かな。

ひとし　うわ、うまい！

はるか　あとは「スロー再生でいこう」とか「亀さんモードでいこうね」とかもよく使っていました。そんなふうに遊びの要素を入れると、子どもたちも楽しく取り組んでくれるんです。まあ、たまに「ふざけてるの？」と言いたくなるくらい、ゆっくり歩かれることもあるんだけど（笑）。

ひとし　ははは、なんか目に浮かぶね。
じゃあ次。「知らない人についていっちゃダメだよ」は？

はるか　そういった不審者対策は、学校で授業をしていました。「ついていっちゃダメ」と教えるんじゃなくて、不審者に会ったときに言うセリフをみんなで練習しました。
本当に不審者に会ったときって、どうしたらいいかわからなくなると思うんです。なので、「お父さんお母さんについていっちゃダメだって言われているので行きません」って、実際に言う練習をする。僕が不審者役になると、めちゃくちゃ盛り上がるんだよね。

ひとし　へぇ、楽しそう。**「どうしたらいいのか」という対処法を伝えるのも、望ましい姿をイメージできる言葉を伝えることと似ている**気がするね。

はるか　うんうん。ただ、「肯定語を使いましょう」なんて鉄板のテクニックだし、「すでに試したけど、うまくいきませんでした」という方もいるかもしれません。でも子育てに「こうすれば絶対にこうなる！」なんて魔法はないですから。これは時間がかかるアプローチだし、すべての子どもにベストな方法とは言えないかもしれません。でも、子どものセルフイメージを下げないという点で、「ダメだよ」と指導をするよりもベターな方法だと僕は思っています。

はるか先生のワンポイント

「嘘はダメ」という否定語を使うよりも、
「誠実な人は素敵」という
プラスなイメージを伝えよう。

先生、どうする!?

第2章

成長を後押ししたい!

Q 子どもの間違いを指摘してもいい？

A 「ヨイ出し」でポジティブに修正！

お悩み

勉強しているときに私が間違いを指摘すると、子どもが「わかるはずないやん！」と苛立ちをあらわにします。間違いを教えてあげたい、と思って指摘しているのですが、勉強自体に対して苦手意識がめばえている気がして心配です。なので、まず私がどう変わるべきか、と悩んでいます。

▼「ダメ出し」の反対＝「ヨイ出し」の使い方

ひとし 子どもの勉強に対する苦手意識・嫌悪感をどうしたらいいか、というお悩みです。まずこの親御さんご自身が変わろうとされているのが素敵すぎる！

はるか 本当にそう！　子育てだけでも相当大変なはずなのに、さらに自分が変わらなきゃと考えていらっしゃるところに、もう大拍手です。

ひとし 大尊敬だね。この親御さんに、何かお伝えできることってある？

はるか 一つ紹介できるとすれば、アドラー心理学をベースにした**「ヨイ出し」**[※1]**という考え方です。**

ひとし ヨイ出し？　聞いたことないな。

はるか アドラー本人の言葉ではないんだけど、アドラー心理学の研究者の岩井俊憲さん[※2]が提唱されているもので、**簡単に言えば「ダメ出し」の反対です。**

ひとし あ、わかった！　「良い」ところを「出す」ってことね。

はるか そうそう。まあ、「良いところをいっぱい見つけて伝えましょう」だけだったら、すでによく言われていることだよね。

※1　ヨイ出し：相手の行動の建設的な側面（良いところ）を積極的に探し出し、それについて肯定的な言葉をかけるコミュニケーション手法。非建設的な側面（悪いところ）に言及する「ダメ出し」と対比される。このプロセスを継続することで、子どもの自尊心と達成感を育む（勇気づけをする）ことが期待される。参考文献『勇気づけの心理学　増補・改訂版』（岩井俊憲著、金子書房）

※2　岩井俊憲：アドラー心理学に基づく勇気づけの研修やカウンセリングなどを行う、有限会社ヒューマン・ギルド代表取締役。アドラー心理学カウンセリング指導者。

でも、そう聞くと、「それじゃあ苦手なことやダメなところが直らないんじゃない？」と疑問に思う方も多い。なので今回は、**ヨイ出しによって、子どもの良くない部分も変化していく**、というところまで紹介したいと思います。

▼ 使うのはマルとハナマルだけ！

ひとし へえ、すごい！　なんか具体的なエピソードで教えてほしいな。

はるか 一番わかりやすい例で言うと、漢字の宿題。漢字の宿題が出たときに、子どもの間違いを一生懸命直してあげている熱心な親御さんって多いんだよね。

ひとし 「ここハネなさい」「ここちゃんと止めようね」とか？

はるか そう。たとえば算数の間違いだったら、数字が違うから子どもも自分で間違いに気づける。一方漢字だと、大人は気づくけど、子どもは間違いに気づかないパターンが多い。だから、親子でぶつかることが結構あって。

ひとし なるほど、それがあるあるなんだ。

はるか 親御さんは「正してあげたい」って一生懸命なんだけど、間違いを指摘されると、子どもは勉強に対して「嫌だ！」という感情を抱く。プラス、親御さんのこともちょっと嫌になってしまう。

ひとし そっか。たしかに間違いを指摘されるのは大人でも嫌だもんね。

はるか もちろん、そういう熱心な指導は、絶対にお子さんの力になると思います。でも、それで親子関係が悪くなってしまったら、もったいないじゃないですか。代わりにポジティブな方法で子どもの間違いを改善できたら最高だよね。

ひとし そんな良い方法あるの？

はるか そこで「ヨイ出し」なんです。これは本当に僕流なんだけど……。**子どもが書いた漢字を添削するとき、まずバツは絶対つけません。「ヨイ出し」の考えを基に、マルかハナマルだけを使います。**

ひとし いいね、うれしい！

はるか **漢字を正しく書けてたらマル。間違いには何もつけない。**そうすると、子どもはだんだん「マルがついてない部分は？」って気になるようになるんです。

ひとし そうだね、「何もついてないコイツらはなんなんだ？」って思うかも。

はるか バツがついていた場合は「バツだ」という事実が目立ってしまって、落ち込んだり勉強が嫌になったりするんだけど、バツではなく「マルがついてない箇所」だと認識したら、子どもは「ここをマルにしたい！」と思うんだよね。だから、ほとんどの子が自発的に書き直してくるようになります。

ひとし　へえ、そんなことがあるんだ。

はるか　さらに、「他の字よりも丁寧」とか「はらいがしっかりできてる」とか、**とくに良いなと思ったところを見つけて、ハナマルをつけてあげます。**そして、「ハナマルと普通のマルの違い、見つけられるかな?」とか言って投げかけると、子どもたちは一生懸命探すんです。そこで自分の間違いに気づいたり、細かいとめ・はね・はらいまで目を向けるようになったりする。子どもたちは「ハナマルの数を増やしたい！」と思って、だんだんすごく丁寧に漢字を書くようになるんですよ。

ひとし　**ハナマルが細かいところまで気をつける動機になるってことか。**

はるか　そうそう！　ただ「正しく書けたね！」と褒めるだけで終わっていると、子どもが現状で満足してしまう場合もある。**だから「違いを見つけよう」「ハナマルを目指そう」とかって次のステップまで提示するのがポイント。**それがうまくできたら、間違いを指摘せずとも子どもの力が伸びていくんです。

ひとし　なるほどね。

はるか　なによりも大事なのが、**こうやってヨイ出しの考えを基に「褒める」を前提にすると、勉強に対して「嫌い」って感情がなくなっていくってことです。**

ひとし　たしかに、勉強を好きになってほしいって発想はいつも大事にしたいね。

はるか先生のワンポイント

ヨイ出し
「良いところ」をたくさん伝えてあげよう。

例　バツを使わず、マルとハナマルで「良いところ」を伸ばす！

先生、どうする!?

14

Q 間違いを伝えると、癇癪を起こしてしまう

A バツは「お宝」。力を伸ばすチャンスです

お悩み

息子は小2なのですが、すでに授業についていけません。おそらく読み書きを苦手にしていることが原因だと思われます。黒板の文字をノートに書くこと自体が負担になって授業を聞けないようなのです。

夏休みの宿題で漢字の書き取りをしたところ、1年生のときに習ったはずの漢字もかなり曖昧になっていました。文字を書いているのを見ていると、書き順が毎回めちゃくちゃだったり、カタカナすら怪しいということがわかり、この夏休みはあいうえお表や1年生の漢字の復

習をしていました。学習中に少しでも間違えたり時間内に書けないというようなことがあると、過剰に悔しがり、怒り出して放棄してしまいます。クールダウンをしたり気分転換をしたりしてなんとか再開するのですが、いつも20分ほどの学習に1時間以上かかってしまいます。そんな状況に、親子ともども疲れ果てています。

▼１００点よりも「勉強を嫌いにならないこと」が大事

ひとし　親御さんがかなりしっかりと間違いをフォローしてあげている感じだね。でもお子さんは癇癪を起こしてしまったり、なかなかうまくいかないというお悩みです。

はるか　このお悩みをいただいて、僕は「こういう方のためにこのポッドキャストをやってるんだ！」と思いましたね。

ひとし どういうこと？

はるか 普段からたくさんの親御さんのお悩みを聞いているんですが、こんなお悩みって一番多いんです。親御さんはお子さんのためを思ってやるんだけど、それがうまく伝わらなくて、子どもは癇癪を起こしてしまう。それで、お父さんもお母さんも疲れてしまって……というパターン。この方もそうだけど、そもそもお子さんへの愛情が深いがゆえ、じゃない？　**だからこそ、その愛情のベクトルをプラスの方向に変えたら、劇的に良くなるはず。**子どもが喜ぶ形で愛情が伝わって、それが成果にもつながって、子どもは自信を持てるようになるんじゃないか。ポッドキャストでは、そんな方向性を示せたらいいな、といつも思ってるんだよね。

ひとし なるほど。だからこのお悩みはドンピシャだったんだ。

はるか そうそう。**まず僕は、子どもの勉強において「勉強を嫌いにならないこと」が最も重要だと思ってるんです。**たとえば、義務教育の9年間で勉強を詰め込んだとしても、そこで勉強嫌いになってしまったら、その先70年、80年生きていく上でずっと「勉強したくないです」という人になるよね。反対に、学校のテストでは100点なんて取れなかったけど、なんとなく勉強してるときに楽しい思い出があったら、いくつになっても勉強好きな人になると思う。

ひとし　まさに俺だ。俺は勉強大好きなんよね。

はるか　おうちの人に勉強についてダメ出しされた記憶ってある？

ひとし　いや、ないかも。褒められた記憶しかない。

はるか　実は僕もそう！　僕は学生時代、良い点数のテストしか親に見せなかったんです。悪い点数はゴミ箱に捨てて。

ひとし　それはダメじゃん！（笑）

はるか　でも、そうしてたから母も父も「勉強好きなんやねー！」ってすごく褒めてくれた。「勉強しなさい！」「この点数はなんだ！」って怒られたことは一度もないんです。なので僕の中には、褒められてうれしいとか、「勉強って楽しい」みたいな記憶だけが残っていて。だからこそ、今でも勉強が大好きで、毎日毎日勉強してるんだと思います。

ひとし　じゃあ、テストで良い点を取るよりも、まずは「勉強を好きになってもらう」のを第一目的にすべきってことか。

はるか　そうそう！　**人生という長い目で考えたら、目の前のテストで１００点を取るより、勉強を好きになって、自ら学び続けるようになるほうがずっと**

重要だと思います。

▼マル、ハナマルに続く「三つめの記号」は、ホシ！

ひとし それはすごくわかるんだけど……。やっぱり親御さんの立場になって考えたら、テストの点数が悪かったりしたら気にならない？　今回のお悩みにもあったように、間違いを指摘したり、しっかり復習してほしいと思っちゃいそう。

はるか たしかにそうだね。もちろんテストで良い点を取るのも、勉強を好きになるポイントでもあるし、教師としてもテストで間違った問題を見逃し続けるわけにはいかない。

ひとし それはどうするの？

はるか 前に**「ヨイ出し」の回（お悩み13番）**で、バツは使わずにマルとハナマルを使うって話をしたの、覚えてる？

ひとし うん。子どもたちはみんなハナマルをめざしてモチベーションが上がるって話だったよね。

はるか そこで僕流のやり方がもうひとつあって。**それは、間違っているところに**

ホシをつけること！

ひとし　おぉ、三つめの記号はホシか。たしかにバツと違って、嫌じゃないね。

はるか　でしょ？　しかもこれは、単に子どものご機嫌取りがしたいわけじゃなくて、**「間違いや失敗は宝だ」という大事な考え方を伝える意図が込められているんです。**

社会に出ても、「間違いをいかに修正して成長につなげるか」って大事じゃない？

ひとし　本当にそう！　大事だよね。

はるか　勉強でも同じ。一番力がつくのは間違いを克服する瞬間なんだよね。こんなにおいしい部分はない！　なので「間違いは宝なんだよ」「どんどん失敗していこうぜ！」って、失敗に対する肯定的な捉え方を、子どもたちにしっかり伝えたいんです。だからこそ「ホシ」なんですよ。

ひとし　じゃあ、子どもたちもホシは間違いだと認識してるけど、「間違いは宝だ」って考えも共有してるから、ホシを見ても落ち込まないのか。

はるか　そうそうそう。だから、僕のクラスではよく「おー！　宝見つけた！」って子どもたちが言ってました。

ひとし　すごくない？　え、その教室怖くない？（笑）

はるか　かわいいでしょ、スーパーポジティブで！

▼勉強も宿題も「間違うことで改善する力」をつけるチャンス

ひとし　でもその考え方は本当に大事だと思う。俺も、よく会社に行くときに忘れ物して、すごい落ち込むんだよね。でも「なんで忘れたんだろう」ってちゃんと反省して、「次は寝る前に玄関に置いとこう」みたいに改善できると、ちょっとうれしい。成長した、って思えるというか。

はるか　まさにそう。「なんで忘れ物しちゃったんだ」と落ち込んだり、「また忘れ物したの？」って叱るんじゃなくて、「これを機にこう改善しよう」と前向きに考える力が大事。僕は、**勉強や宿題も、そういう力を身に付けられるチャンスなんじゃないかな、と思ってるんですよね。**

ひとし　俺、最近やっと自分のミスを前向きに捉えられるようになったんやけど。小学生がみんなそれやってたってことだよね？

はるか　そういうこと。

ひとし　恐ろしい教室や……。

はるか　ははは！　でも本当に、「ヨイ出し」の考えをベースにして、かつ「間違いは良いところを増やす宝だよね」という考えを伝えていくと、子どもにもちゃんと伝わるし、みんなすごく楽しそうに勉強するようになるんです。

ひとし　いやー、おもしろい！　これは社会人にもタメになる話だね。

はるか先生のワンポイント

間違いには「ホシ」を付けてみよう！

＝

「間違いや失敗は宝」と伝えよう。

Q 子どもの「やる気スイッチ」を入れたい

A 自分で小さな目標を立てて、クリアする経験を重ねよう

お悩み

やる気があるときと、ないときの差が、天と地ほどあります。

▼締め切りに追われると「やる気」が出る、その正体は「ストレス」

ひとし　やる気があるときと、ないときに波があって心配されているというお悩みですね。お子さんに「やる気になってほしい」と思ってる親御さんは多そうだね。

はるか　うん。今回は「やる気」について、脳科学の視点からお話ししたいなと思います。
子どもって、脳科学系のお話大好きなんだよ。根拠があればあるほど、しっかり話を聞いてくれる。

ひとし　へえ、そうなんだ。じゃあズバリ、どうしたらやる気をアップさせられるんですか？

はるか　子どものやる気を出すためには、**「子どもが自分の意志で、自分にストレスをかける状態をつくること」が大切です。**

ひとし　ストレスをかけていいんだ？

はるか　そう！　**実はやる気の肝になるのは「ストレス」なんです。**
今日は二つの神経伝達物質が登場します。

ひとし **まず一つめはストレスホルモンの一種である「ノルアドレナリン」**※1**。**なんらかのストレスがかかって、この物質が分泌されると、集中力が高まったり、記憶力が高まったりするんだよね。

はるか え、どういうこと？

ひとし わかりやすい例として夏休みの宿題を思い出してください。夏休みに入ってすぐは、やる気にならないよね。でも、夏休みが終わりに近づくにつれて「やべー！」って焦るでしょ？　そして気づいたら集中していて、なんだかんだ終わらせてる。

はるか たしかに、なんだかんだみんなやってた（笑）。

ひとし つまり、**人はプレッシャーを感じたり、締め切りが近づいたりすると、「やばい、やらなきゃ」とストレスを感じて、ノルアドレナリンが分泌される。すると、半ば無理やり集中力やモチベーションが上がるんです。**

はるか なるほど。

ひとし 実際、小学校や塾は、この「やる気スイッチ」をかなり活用してるはずです。テストがあるから勉強しなさい。宿題はこの日までに終わらせなさい。何分以内に解きなさい。まさに、プレッシャーをかけることで、無理やり子どもたちの集中力を上げさせている状態なんだよね。

※1　ノルアドレナリン…激しい感情や強い肉体作業などでストレスを感じたときに放出される神経伝達物質。放出されると、交感神経の活動が高まり、血圧や心拍数が上昇し、体が活動に適した状態になる。ただし、その働きが不均衡になると神経症やパニック症、うつ病などを引き起こすと言われている。

だけど、このスイッチの入れ方って、かなりデメリットも大きいんです。なんだと思う？

ひとし　うーん。ストレスが強すぎて、心が病みそう。

はるか　病むよね。そして勉強を……？

ひとし　嫌いになる！　たしかにそれは一番良くないね。

▼「やりたい」や「できた」で生まれる、ドーパミン

はるか　そうそう。そこで、次の神経伝達物質がキーになるんです。**二つめは「ドーパミン」。このドーパミンをうまく活用することで、ストレスをかけて集中力を上げることのデメリットをやわらげられるんです。**

ひとし　ドーパミンはよく耳にするワードだね。

はるか　**ドーパミンは、わかりやすく言えばご褒美をもらったときに出る神経伝達物質です。**「やりたい！」「知りたい！」という強い願望を持ったときや、実際にそれが達成されて「やった！」「うれしい！」と思ったときが、ドーパミンがたくさん出ている状態です。たとえば、ずっとやりたかったゲームをしていたら没頭しすぎて時間を忘れていた、なんてことがあるよう

に、このドーパミンもモチベーションを強く引き出してくれるものなんだよね。

ひとし なるほど。

はるか **なので、まずは「なりたい自分」や、目標を引き出してあげることが大切です。**これによりドーパミンが出て、モチベーションが高まります。次に、**その自分に近づくために「何を」「いつまでに」やらなければいけないのか、つまり課題や締め切りを考えていく。**そうして適度にストレスをかけて、「やる気スイッチ」を入れるんです。

ひとし なるほどね。まずは「次のテストで95点取る！」って決めて、エンジンをかけるのか。

はるか そうそう。その次に、プロセス部分も目標を立てていく。

「その目標を達成するには、どんなふうに勉強したらいいかな？」「どんなことに気をつけたら95点いけそう？」と聞いてみると、子どもは「毎日ご飯を食べる前に30分勉強しようかな」「じゃあ今度は計算ミスに気をつけなきゃ」なんて考え始めます。

ひとし たしかに、それならちょっとずつ何回も達成感が味わえそうだね。

はるか うん。**注意してほしいのは、大人が目標を立てたり、それで追い込んだり**

したらダメってこと。「今度のテストでは100点を取りなさい！」もそうだし、「2時間やるって言ったよね？」とか「やっぱり三日坊主だったね」とか。
どうしても大人は、目標との乖離がわかってしまうから、子どもを管理したくなっちゃうんですよね。でも、それをしてしまうと、子どもにかかるストレスが大きくなりすぎてしまいます。一生目標なんて立てたくなくなるし、やる気を出すどころか、その大人のことを味方だとさえ思えなくなる。

▼「できそうな目標」から始めよう

ひとし なるほどね。「自分の意志で」っていうのが何より大事なんだ。

はるか そう！ ただし、目標を立てるのって子どもにとってはかなり難しいことでもあります。さっき言ってくれたみたいに、**少しずつ、たくさんの達成感を得るためには、できるだけ小さなステップで、達成できそうな目標を立てるのが大事です。**でも、ほとんどの子は、「1日2時間勉強する！」とか「ドリルを3回くり返すぞ！」とか、一気にレベルの高すぎる目標を立てがちで。

ひとし　目標を立てるときは、やる気に満ちてるからできそうな気がしちゃうんだよね（笑）。

はるか　そうそう（笑）。でも高い目標だと、挫折しやすい。だから、目標設定に関しては、ぜひ大人がうまくお手伝いしてあげてほしいと思います。あるいは、子どもの立てた高い目標をいったんは見守って、失敗を経験させてあげるのも良いと思います。うまくいかなかったら、一緒にふり返る機会になるから。たとえば「テストどうだった？　ドリル3回って目標は達成できた？」と聞いて、それを踏まえて「じゃあまた新しい作戦を立てようか」「次は毎日1ページだけやってみるのはどう？」と一緒に目標を立て直すとか。

そんなふうに、いわゆるPDCA[※2]を回していくことが大事だと思います。

ひとし　Plan、Do、Check、Actionだね。

はるか　うん。それをくり返すことで、子どもも自分の弱みがわかったり、その弱みを乗り越えるためにどうすればいいかを真剣に考えるようになる。それこそ「自分の意志で」の実践だよね。そうすることで、モチベーションをうまく保てるようになるんじゃないかなと思います。

※2　PDCA：Plan（計画）、Do（実行）、Check（評価）、Action（改善）のステップをくり返し、業務効率や品質を向上させようとするフレームワーク。品質改善や経費削減、業務効率化、マネジメントなど、多くの分野で管理手法として活用されている。

はるか先生のワンポイント

やる気のカギは、**ストレスとドーパミン**

「なりたい自分」や「目標」を引き出して、
（ドーパミン）

そのための締め切りや課題を一緒に考えよう。
（ストレス）

先生、どうする!?

16

Q 子どものメンタルを強くしたい

A 繊細さって弱みでしょうか？

お悩み

子どもが繊細な性質で、人から何か言われたりしたら、いろいろと気にしてしまいます。また、家では強がりですが、外に出ると言いたいことを言えないこともあるみたいです。もう少しメンタルを強くしてほしいのですが、どうしたらいいでしょうか？

▼ 繊細な子には、ポジティブな特徴がたくさんある！

ひとし 繊細なお子さんのメンタルを強くしたい、というご相談です。けど、俺はいろいろ気にしちゃう気持ちもわかるなあ。

はるか どちらかと言えばひとしも繊細だよね。
今回は、解決策というよりも、こう考えたら子どもとの関わり方が良くなるんじゃないかな、という僕なりの考え方をお話しできたらと思っています。

ひとし はるか なるほど、聞いてみよう。
最近ではよく「繊細さん®」※1って言われるようになりましたが、この子のように人一倍感受性が強くて、繊細な気質を持つ人たちはたくさんいるんだよね。他にも、相手のことを考えすぎて自己主張できないとか、気を遣いすぎるから疲れやすいとか、色や匂いに敏感、などの特徴があると言われています。これだけ聞くと、ちょっと生きづらそうだなと思うかもしれない。

ひとし うん、大変そうな感じがするね。

※1 繊細さん®：2018年に刊行された『「気がつきすぎて疲れる」が驚くほどなくなる「繊細さん」の本』（武田友紀著、飛鳥新社）によって広く認知された言葉。HSP（Highly Sensitive Person）という、生まれつき五感が敏感で、感受性が高く、繊細な気質を持つ人を指す。5人に1人の割合で存在するとも言われている。

はるか だけど、そうじゃない！　ってことを今回は伝えたくて。**繊細な人には、逆にポジティブな特徴もいっぱいあるんですよ。**たとえば、使命感や向上心が強かったり、真面目で責任感があったり。人への共感性が高くて、相手の気持ちを読むのが得意だったり、正義感が強くて礼儀正しいことも多いです。

ひとし 僕は海外にたくさん行って気づいたんだけど、これって海外の人が「日本人のここが好き！」って挙げてくれる特徴とすごく似てるんです。だから僕は、繊細な人を見ると、日本人の良さをギュッと詰めたような良いところがある人なんだな、と思うんだよね。

はるか なるほどね。これって環境によっても変わったりするのかも、と思った。俺も割と繊細なタイプだけど、海外に行くと気がおっきくなったりするから。

ひとし たしかにそうかもね。もちろん、今言った特徴がすべての繊細な人に当てはまるわけじゃないし、一つ当てはまったら繊細さんってわけでもなくて。

はるか グラデーションだからね。

ひとし うんうん。みんなグラデーションで、人それぞれ強みと弱みがあるんだよね。それをどう活かすのか。教育者としては、その活かし方を考えるのが大事だよな、と僕は思っているんです。

お悩みでは「言いたいことが言えない」とありましたが、それをお子さんの弱みと捉えれば、弱みになると思います。だから「強くなりなさい」「はっきり言えるようになりなさい」と考える。**そうじゃなくて、「それって本当に弱みなのかな？」と考えてほしいんです。**僕は、このお悩みを聞いて「相手のことを考えて、自分の感情をコントロールできる優しさがある」という強みを持った子なんじゃないかなと感じました。**そんなふうに、弱みは、裏を返せば強みになるものだと思うんです。**

ひとし 大事な視点だね。

▼ リフレーミングで自己肯定感を育む

はるか もちろん子ども自身がそうやって考え方を変えるのはすごく難しいと思います。だから、子どもが「言いたいことが言えない……」と悩んでいたら、**「そこはあなたの弱みじゃないよ。こんな強みがあるってことじゃん！」ってリフレーミング[※2]（異なる視点で見直すこと）してあげてほしい。**

※2 リフレーミング：心理学で、ある事柄を、それまでとは異なる視点で見直すこと。心理的枠組みの変換。気持ちを前向きにしたり、人間関係を円滑にする効果が期待される。

そうすることで、子どもは弱みも含めて、自分自身を受け入れていくようになれるんじゃないかなと思います。

ひとし なるほど。

はるか これが、よく言われる「自己肯定感」[※3]ってやつですね。**自分の弱みも強みも全部ひっくるめて受け入れる姿勢。自己を肯定する感覚。子どもたちにぜひ持ってほしい感覚です。**

ひとし 言葉で言うのは簡単だけど、自己肯定感を高めるのって難しいよね。

はるか うん、本当に難しい。だからこそ、大人がしっかり手伝ってあげてほしいんだよね。

ひとし はるか自身は、自分の弱みだと思ってるところとかあるの？

はるか 僕は後先考えずに行動しちゃうのが一番の弱みかな。先のことを考えられないから、めっちゃミスが多い。たくさん失敗する。だから、昔はかなりコンプレックスでした。
でも友だちから「行動しまくれる姿がうらやましい」と言ってもらって。
たしかに、気づいたらいっぱい失敗してる分、たくさんの経験値が積めているし、それが大きなアクションにもつながっているのかも、と今は思えるようになりました。

※3　自己肯定感：自分を誇りに思い、他者からも十分に認められるであろうと思う自負心や自尊心のこと。決まった定義はなく「ありのままの自分を肯定し、好意的に受け止めることができる感覚である」とする心理学者もいる。心理学用語である「セルフ・エスティーム」の訳語として使われたことが始まり。

ひとし　なるほど。俺もやっと最近になって、自分の性質とか得意分野みたいなのがなんとなくわかってきた感じがあるんだよね。

はるか　わかる！　ほんと最近だよね。そうやってリフレーミングしたり、受け入れられるようになるまでは、子どもが自分の弱みについて落ち込むこともいっぱいあると思うんです。「なんで気にしちゃうんだろう」とか。

ひとし　俺らも今でもよく落ち込んでるよね。

はるか　うんうん。だけど、弱みは強みに捉え直せるって考え方を知っているだけで、心が折れかけたときの支えになるんじゃないかなと思って。ぜひそう伝えてあげてほしいです。

ひとし　うん。落ち込みそうなときに、一歩引いて考え直せたらいいよね。

はるか先生のワンポイント

リフレーミング
「弱み」は、裏返せば「強み」にもなる。

先生、どうする!? 17

Q 言いたいことが言えない性格の息子

A アサーショントレーニングで一緒に練習してみよう

お悩み

小学1年生の長男が、人に言いたいことを言えない性格で悩んでいます。最近、自分の縄跳びがなくなっていたことを相談してくれました。「友だちが間違って使ってない？　先生に聞いてみたら？」と話したんですが、長男は「恥ずかしい。空気が悪くなるし、先生に怒られるかも……」と言って、結局聞けませんでした。縄跳びは見つからず、新しいものを買いました。他にも、嫌なことを嫌と言えないみたいです。最初は「なんで？　言ったらいいよ」と話していたのですが、本人はどうしても

今日は縄跳びを使うぞー
ぼくの縄跳びなくなっちゃったけど先生に聞くのは恥ずかしい…
ハーイ!!
やったー!

言いたくないようなので、今後どう対応したらいいか迷っています。ちなみに次男もそんな感じです。

▼「言えばいいじゃん」では解決しない！

ひとし 言いたいことを言えない、というお悩みですね。以前も「繊細な子で……」っていう似たようなお悩みがあったけど、今回の子で言うと、もっと具体的に「自分の主張ができない」という点に困ってる感じだね。

はるか そうだね。これは学校でもよくあるシチュエーションで、先生の中にも「なんで言わないの？」とか「言ってくれないとわかりません」っておっしゃる方もいるんですよね。

ひとし たしかに、想像つくね。

はるか でも、「なんで？」「言えばいいじゃん」と言うだけじゃ、この子の困り感は乗り越えられないんです。

ひとし じゃあどうすれば乗り越えられるの？

はるか　**練習すればいいんです！　今回は「アサーショントレーニング」**[※1]**を紹介したいと思います。**

ひとし　聞いたことないな。なんですか、アサーションって？

はるか　アサーションは「自己主張・自己表現」という意味。**自分のことも相手のことも尊重できる建設的で適切なコミュニケーションを学んで、練習していきましょう、というのがアサーショントレーニングです。**

▼我慢したり、衝動的に強く主張することはＮＧ

ひとし　なるほど。具体的に言えば、どんな伝え方が良いとされてるの？

はるか　ちょっと大人の例を出すけど、たとえば、仕事がたまっているときに上司に飲み会に誘われたとき。良い断り方（伝え方）の一例は、「今、手持ちの仕事が山積みなんです。お誘いはうれしいんですが、今日はお断りしたいです。来週は仕事も一段落しているはずなので、良かったらまた誘ってください！」みたいな感じかな。

ひとし　来週だったらって提案いいね。

はるか　うん。ここにはポイントが三つあって。まず、**自分の状況をきちんと説明**

※1　アサーショントレーニング：自分と相手の権利を尊重しながら、適切で建設的な自己表現方法を身につけるためのトレーニング。心理学者であるジョセフ・ウォルピらによって開発された。現在では様々な場面に応じたコミュニケーション技法やトレーニング方法が活用されている。

することと。そして相手を尊重すること。さらに、解決の方法を提案できていること、が大切です。

ひとし　なるほど、結構難しそうだね。逆に、良くない伝え方ってどんなのなんだろう？

はるか　良くない主張は、だいたい2種類に分けられます。**一つは、自分が我慢する消極的なパターン。**このお悩みの子もそうだけど、自分の主張ができずに、呑み込んでしまうんですね。たとえば行きたくない誘いにも、つい「うん、行くよ」って言っちゃうとか。

ひとし　あぁ、大人の飲み会とか残業とかの場面でもあるあるだね。

はるか　そうそう。**もう一つが、衝動的に強く主張してしまう攻撃的なパターン。**さっきの飲み会の例で言えば「嫌です！」とか「それはパワハラです！」みたいに、自分の要求だけを押し付けたり、相手の意見を拒否してしまう主張の仕方です。子どもの場合は「それ間違ってるんだよ！」と友だちを強く否定するのをよく見かけますね。今回のお悩みは前者のパターンだけど、学校で子どもたちを見ていた感覚としては、どちらも同じくらいいいたと思います。

ひとし　そうなんだ。たしかに俺も子どもの頃そうだったかもな。ちょっと嫌なとき、我慢して「うん……」って言うか、「絶対に嫌！」って全力で拒否するかの二つしかパターンなかった気がする。

はるか　そうそう！　多くの子どもがこの二つのパターン以外の言い方を知らないから、うまくコミュニケーションが取れないんです。だから、どういうふうに伝えるのがいいのかを、大人が教えてあげるのが大事。**「こういうふうに言ってみたらいいと思うよ。一緒に練習してみよう！」ってトレーニングすれば、だんだんできるようになるんだよね。**

ひとし　なるほど、それが「アサーショントレーニング」か。

▼相手を尊重しながら、状況を説明し、具体的な提案も行う

はるか　たとえば今回のお悩みだったら、こんな感じです。
もしまた縄跳びがなくなったときに、先生に相談できるように一緒に練習しよっか。たとえばこんなふうに言ってみるのはどうかな？
「先生、相談があるんですけど、今してもいいですか？　縄跳びをなくしてしまって、休み時間に一生懸命捜したんですけど、見つけられませんで

した。一緒に捜すのを手伝ってくれませんか?」
このときに、どこがポイントなのかも教えてあげると、子どもも理解が深まるし、次にも活かせてより良いと思います。

ひとし あぁ、さっきの三つのポイントを説明してあげるんだね。

はるか そうそう!
まず、「なくした」「捜した」って自分の状況をしっかり伝えるのが大事だよ。それから、丁寧にお願いしたり「今いいですか?」と確認したら相手を尊重できるよね。そのうえで、「一緒に捜してほしい」と具体的に提案したら協力してくれそうだよね。
そして、「真似して言ってみよう!」とか「じゃあパパが先生役やってみるから、一緒に練習してみようよ!」って子どもと一緒に練習するんです。

ひとし なるほどね、**そうやって実際に口に出して練習するまでが大事なんだ。**

はるか そう、そこが大事です。

▼ 子どもと一緒に取り組むことが大切

ひとし このアサーショントレーニングは、教育分野でよくやられてることなの？

はるか 学校とかでやるのかな？

ひとし 学校というより、通級教室[※2]とかでやることが多いかな。

……でも、僕は「親御さんたちにいろんなアサーショントレーニングの技法を学んでほしい」って思ってるわけじゃなくて。

ひとし えっ、そうなの？

はるか もちろん勉強したら参考になるとは思うんだけど、ただ聞いたことがあるってだけでも変化があるんじゃないかな、と。今回のお悩みみたいに子どもが困り事を相談してくれたときに、「なんでできないの！」と叱ったり、「普通に言えばいいじゃん」って一蹴するんじゃなくて、**「一緒に考えてみようよ！」って立場を取れるようになったらいいなと思ったんです。**

ひとし ああ、たしかにそうかも。この話を聞いたら、これからはできない人を応援する立場を取れるような気がする。

はるか そうそうそう！ コミュニケーションでもなんでも、何か困り事にぶつか

※2 通級教室：通級指導教室の略称。通常の学級に通っている児童生徒のうち、比較的軽度の障害があることによって、学習面や生活面における困難を抱えている子を対象に、その改善や克服のために、一人ひとりに応じた補充的な指導を行う教室。対象となるかどうかは地域の学校によって判断されるが、指導対象となる障害としては、言語障害、弱視、難聴、学習障害、ADHD、身体虚弱などが挙げられる。

ったときは「一緒に練習してみよう！」と言ってみる。そして、できるようになったら、一緒にハイタッチしたり、喜んだり。そういうふうに、いつでも子どもを応援できるようになったら、すごくいいよね。

ひとし　今の話を聞いて、俺はスポーツで同じことやってるかもなと思った。人に教える機会がよくあるんだけど、教えて、練習して、できたら一緒に喜ぶことがある。

はるか　あぁ、いいこと言ってくれた！　たしかにスポーツはわかりやすいね！　それをぜひコミュニケーションでもやってみてほしいなと思います。

はるか先生のワンポイント

アサーショントレーニング
自分のことも相手のことも尊重できる意志の伝え方を、一緒に練習してみよう。

Q 発表がうまくいかず、失敗を極度に怖がるように

A 別の視点を提示して、捉え方を変えてみよう

お悩み

小学校1年生の娘が、ある日突然「学校に行きたくない」と言い始めました。よく話を聞くと、「学校で発表したときに、間違ってしまって恥ずかしかった」とのこと。そこから人前で発表するのが嫌になり、「算数で間違えるのが怖い」「時間を守れなかったらどうしよう」と極度に失敗を恐れるようになったようです。これを乗り越えるためには、どうすればいいでしょうか?

▼「見方を変える」ための質問とは

ひとし　人前で発表するのが怖いというお悩みですね。以前の失敗がトラウマになってる感じかな。

はるか　小学校のときにこういう思いをすると、自分ではなかなか乗り越えるのが難しいよね。**そこで、今回は認知行動療法**※1**を紹介したいと思います。認知行動療法とは、「認知」と「行動」にアプローチする心理療法。認知というのは、物事に対する自分の考え方や捉え方のことです。**

ひとし　名前は聞いたことあるけど……、よくわかってないかも。

はるか　そうだよね。このお悩みの子は、1回の失敗から、他の失敗も怖くなったり、行動ができなくなったりと、かなり悪循環に陥ってる感じがあるよね。

ひとし　たしかに、「極度に」ってあるもんね。

はるか　そういうとき、**ちょっと見方を変えたり、考えの幅を広げることで、心が楽になったり、負のループから抜け出せるんじゃないか。**それが認知行動療法の発想なんです。

※1　認知行動療法：物事の捉え方（認知）や行動に働きかけて、ストレスを軽減する心理療法。物事の解釈や理解の仕方を修正することで問題を改善する「認知療法」と、学習理論に基づく行動の変容によって問題を改善する「行動療法」を統合した療法。比較的短期間での治療効果が認められるとされ、とくにうつ病や不安障害など、精神疾患の治療において効果が高いとされる。

ひとし　ほう、見方を変える。

はるか　そうそう、考え方のクセを変えるとか、考え方の偏りをならしていくって言い方でもいいかもしれない。

実は最近も、別のお子さんとの個別面談で「発表が苦手」という相談を受けたんですよ。なので、まずはその子との実際の会話を紹介させてください。「見方を変える」ってどんな感じか、イメージしてもらえたらうれしいです。

発表したんだってね。それっていつあったの？　どこでしたの？

「学校。授業参観のときみんなの前で発表した」

授業参観かぁ。発表して、どんなことが頭に浮かんだ？

「ダメだった」

そっかそっか。そのとき○○ちゃんは、どんな気持ちだったの？　悲しかった？　落ち込んだ？

「うーん、恥ずかしかった……」

0から100で言ったら、どれくらい恥ずかしかった？

「99とかかな」

99かぁ、すごい恥ずかしかったんだね。なんで恥ずかしいと思ったの？

「えー、みんな見てたから」

みんなって何人くらいいたの？

「40人くらいかな？　クラスのみんながいたから」

じゃあさ、お友だちが発表がんばってたら、○○ちゃんはどう思う？

「がんばれって思う」

そっか、がんばれって思うんだね。○○ちゃんが発表してたときは、聞いてるお友だちはどんな顔してたの？

「覚えてないけど……」

嫌な顔してた？

「いや、嫌な顔はしてなかったと思う」

パパとママは○○ちゃんの発表を見てどんなこと言ってた？

「すごいがんばったねって言ってくれた。発表見れてうれしいって」

それはうれしいね！　授業参観で発表するのは初めてだったの？

「うん、前は発表できなかった」

えっ、前まで発表できなかったのに、今回はできたんだ。すごいね！

「うん」

お友だちは嫌な顔してなかったし、パパもママもがんばったって言ってくれたんだよね。しかも、〇〇ちゃんは前に比べてすごく成長してる。どうかな、今ふり返ってみたら、今回の発表って良い思い出だった？　悪い思い出だった？

「……1ミリだけ良い思い出だった」

そっかそっか。じゃあさ、さっき恥ずかしさ99だったって言ってたけど、今はその点数変わった？

「うーん、98くらい、かな？」

おぉ！　1下がってるね！　じゃあ次は97になるかもしれないね。発表する度にどんどん慣れていくからね。〇〇ちゃんは、確実に成長してるんだよ。

ひとし　おぉー！　発表したことへの捉え方がかなり変わってる感じがするね。1ミリだけ、とか言うのがかわいい（笑）。

はるか　だよね（笑）。もちろんこの対話だけで「発表が好き」とはならないけど、明らかに「発表が苦手」「失敗した」っていう認識は薄くなってると思うんです。

▼多角的な視点の質問を投げかけよう

ひとし　たしかに。これはどこにポイントがあったの？　点数をつけるとか？

はるか　**そこはすごく大事！　認知行動療法でよく行われる手法で、数値化することで、感情を客観視しやすくなるんだよね。最後に変化を比べるときにも役に立ちます。**

ひとし　なるほど。他のポイントは？

はるか　**まず、「なんで恥ずかしいと思ったの？」と根拠を聞いているところです。**ここで、この子の考え方に偏っているところはないかな、と考えることができます。今回注目したのは「みんな」という言葉。「みんな」って言っても「全員」じゃないことがほとんどだもんね。

ひとし　そうそうそう。

はるか　**それ以降はあらゆる視点から質問を投げかけていくのがポイントです。**たとえば「お友だちが発表してたら」は**反対（聞く側）の立場からの視点**で、「前まではどうだったか」は**過去の自分と比べる視点**です。あるいは「お友だちの顔」とか「両親に言われたこと」は、**客観的な事実を見つめる視点**です。

ひとし なるほど、いろんな視点を与えていくのか。たしかにこうやっていっぱい**質問に答えてたら、「失敗したと思ってたけど、あれ、本当に失敗だったのかな?」と考え直せる気がするね。**

はるか うんうん。質問によっていろんな視点を与えていくことで、子どもと一緒に「違う捉え方」を発見していきたいんだよね。やっぱり自分ひとりでは、偏った捉え方をしてしまったり、考え方が凝り固まることってよくあるから。

そうやって考え方の偏りが均されていくことで、心が軽くなったり、また次の行動が取れるようになったりするんじゃないかなと思うんです。

ひとし うん。また発表してみるか、って思えるかもしれないね。

はるか これは**認知行動療法でセルフカウンセリングとして使われる「コラム法」**[※2]という手法を参考にして、僕が自分なりに考えてみたものなんです。**本来はひとりで紙に書き出す方法なんだけど、子どもがひとりでやるのは難しいので、親御さんや先生が質問を投げかける対話形式で、実践できたらなと思って。**

ひとし すごいわかりやすかった。

はるか 良かった! 認知行動療法自体はかなり専門的で奥が深いんだけど、「見

※2 コラム法:用意された枠内に認知や感情、行動を書きとめることで、自分の認知を捉え、ゆがみや問題がないかを検証し、整えていく方法。認知再構成法の一つ。コラムとは枠のことで、3コラム、5コラム、7コラムなど、様々な種類がある。参考文献『認知行動療法のすべてがわかる本』(清水栄司監修、講談社)

ひとし

方を変える」「考え方の偏りを均す」って方向性を知ってるだけでも、ストレスとか不安と向き合う上で役に立つかなと思って紹介してみました。子どもだけじゃなくて、大人にとっても、かなり実用的な考え方だと思ったな。

はるか先生のワンポイント

認知行動療法

怖がっていることの「根拠」を尋ねた上で、「質問」によって、いろいろな角度から視点を与えてあげよう。

第3章

先生、どうする!?

家族で深刻に悩んでいます

先生、どうする!? 19

Q 発達障害の息子。親の勉強不足を感じています

A 子育てはひとりの責任じゃない!

お悩み

私には小学生の息子が二人いて、下の子は2年生で多動と自閉症、知的障害です。息子は授業中じっと座っていられなかったり、給食後大声を出してしまったり……。1年生のときは私の勉強不足で無理をさせてしまい、先生に暴言や暴力をふるうようにまでなってしまいました。またこのようなことがないように、うまくやっていけるヒントが見つかればと思っています。

▼自分を責めないで！

ひとし 今回はいつもとちょっと違うお便りですね。発達障害の息子さんと向き合って、勉強されている、と。

はるか これを読んで、もう心が痛いです……。「私の勉強不足で」なんて、そんなはずないのに！

この方には「ひとりでどうにかできる問題じゃないんですよ、責任を感じないでください」って伝えたいです。

ひとし そう思わせてる環境が良くない気がする。

はるか そうそう。実際、特別支援学級[※1]を見ると、やっぱり親御さんがずっとひとりで対応していることがほとんどなんだよね。

ひとし **親御さんは、お子さんの気持ちや行動を一番わかっているから、周りも親御さん頼りになってしまっている。**だから、この方みたいに親御さんが「自分の責任だ」「自分が学ばなくちゃ」と思ってしまう状況が生まれてしまう。

ひとし 親御さんはずっと大変なのに、さらに自分を責めてしまうって本当に良く

※1　特別支援学級：軽度の障害のある児童・生徒を教育するために、小学校や中学校に設置される学級。知的障害、肢体不自由、病弱・身体虚弱、弱視、難聴、言語障害および自閉症・情緒障害などの児童・生徒を対象とする。それぞれの子どもに合った指導を行えるよう、8名を基準として、少人数で編制される。

ないよね。

はるか　そう。僕は教育についてたくさん研究事例を学んだりして、いろんな方法論を知ってるつもりだけど、だからといって、子どもを思い通りにできると思ったことは一度もありません。むしろ、知れば知るほど子育てや教育って難しいな、と痛感します。

ひとし　うんうん。**だから、そもそも「子どもをひとりでどうにかする」なんて無理だと思っているんです。**

▼トルコの特別支援施設で目にした連携プレー

はるか　そして、**方法論が通用しない典型的な例が、今回のお悩みのような特別な支援を要する子たちだと思うんです。文字通り一人ひとりに合った、特別な支援が必要なんですよね。**だから、知識や本に書いてあることも、全然適用できない。僕も「何もできない……」と落ち込んだ経験が何度もあります。

ひとし　そうなんだ。

はるか　実は今、トルコにある「Little Prince Academy」[※2]という特別支援施設にボランティアに来ているんだけど、[※3]**ここでは一人ひとりの子どもの観察記録をスタッフ全員でしっかり共有する仕組みが整っているんです。**「こうした場合はこうしましょう」って理論を共有してるわけじゃなくて、「この子がドアを開け閉めしたときには不安を感じています」「この子は新しい人が入ってきたらこんな行動を取ります」というレベルで、かなり具体的に個別の特性理解や対応法を記録しています。そうすることで、**みんなで対応できるようになるので、誰かひとりが責任を感じる形にはならないんです。**

ひとし　それって日本だとあまりやられてないの？

はるか　いや、そんなことはないと思う。でも、忙しい日本の学校環境では全職員で全児童分の共有をするのは難しいんじゃないかなと思います。

ひとし　なるほど。

はるか　これは専門的に言えば「行動観察法」[※4]という手法です。子どもの問題行動のトリガーが何か、そしてどんなときに行動が収まるのかなどを徹底的に観察・記録していく方法です。
とはいえ、この手法を学んでほしいわけじゃなくて、専門的な施設でもこ

※2　Little Prince Academy：トルコのカッパドキアにある私立の特別支援学校。世界中から特別な支援を必要とする子どもが集まる。音楽療法、心理劇療法、アニマルセラピーなどを通して、子どもの心理的な成長や回復、コミュニケーション能力向上のための理論に基づいたワークショップなどを行う。

※3　ポッドキャスト配信日　2023年8月1日時点。

※4　行動観察法：行動を観察することで、心の仕組みや心の機能、心的過程などを実証的に明らかにする心理学の手法。特別支援において子どもの実態を把握する方法として、よく実施されている。

のやり方を採用しているように、「みんなで子どもを育てていくのが当然なんだ」ということを伝えたいんです。

ひとし 今回お悩みをいただいた親御さんだけの責任じゃないってことだよね。

はるか そう！

そして、もう一つ付け加えれば、このトルコの施設では、たとえばアニマルセラピー[※5]やフィジカルアートセラピー[※6]など、いろんな心理療法を用意しているんです。どんな子にどんな療法が適切なのかを何人ものスタッフでしっかり話し合って、試行錯誤しながら子どもたちを支援している。特別な支援が必要な子を育てるのは、それくらい大変で、難しいことなんですよね。

この親御さんは、**そんな大きな困難に向き合っているわけだから、決して自分を責めたりしないでほしい。**そう強くお伝えしたいです。

※5　アニマルセラピー：動物と触れ合うことによって、心を癒やす手法。医療の分野で、治療の補助として行う動物介在療法と、ストレスを軽減するなど広義の状況で心をケアする動物介在活動がある。動物へのストレスの配慮も欠かせないとされている。

※6　アートセラピー：絵画や粘土造形、音楽、ダンスなどあらゆる芸術を用いて行う心理療法。非言語の表現方法を用いることによって、その人の心理状況をより深く理解し、診断や治療に役立てることができる。

はるか先生のワンポイント

特別な支援を要する子を持つ親御さんへ

ひとりで抱え込まないで!

専門家を含め、多くの人の手を借りていこう。

Q 息子が学校に行きしぶるように……

A 四つのポイントで、前向きに乗り越えよう

お悩み

小5の息子が学校に行きしぶるようになりました。それだけでなく、好きで習い始めたバスケにも行きたくないと言うように……。この無気力状態の場合、まず気をつけなければならないことはなんですか?

▼行きしぶりは、「子どもが自信をつけるチャンス」

はるか　不登校の問題については、第1章でも取り上げたんだけど**（お悩み6番）**、まだまだ足りない部分もあったと思うので、改めてお伝えしたいと思って、このお悩みを取り上げさせてもらいました。**そもそも不登校の問題は大きく2段階に分けられるんです。今回のような行きしぶり**[※1]**段階と、不登校が長期化している段階ですね。**

ひとし　行きしぶりっていうのは行ったり行かなかったりって感じなのかな？

はるか　そうそう、不登校の一歩手前の状態かな。今回はこの「行きしぶり」段階の支援についてフォーカスしたいと思います。お悩みにあるように、お子さんが「行きたくない」と言うようになったらやっぱり不安に思われる方が多いと思う。「いずれ不登校になるんじゃないか」って。**でも、むしろ「行きしぶりは自信をつけるチャンスだ！」と思ってほしいんです。**

ひとし　まずは行きしぶりに対して前向きに捉えようってことか。

はるか　そうそうそう！　今回は、行きしぶりを「子どもが自信をつけるチャンス」にするために、**ご家庭で意識してほしいポイントを四つご紹介**しま

※1　行きしぶり：子どもが保育園や学校に行くのを嫌がったり、行かない素振りを見せる状態。朝になると体調不良になったり、なかなか起きられないといったこともある。登校しぶり。

す。**まず一つめが、「学校の問題は学校に解決してもらうこと」です。**

ひとし 学校の問題。というと、いじめとか？

はるか そう。行きしぶりの背景に、いじめやトラブルなど、何か明確な問題があるなら、まずはそれを取り除くことが一番大事です。日本ではよく「モンスターペアレント」[※2]とかって話題になるから、学校に話をしに行くって考えがない方もいるかもしれません。**でも、学校でおかしいことがあったら「その問題を解消してください」って建設的な相談をするのは当たり前のことだと思います。**

ひとし たしかに。

はるか 具体的には、まずは担任の先生に相談することになると思うんですが、実はここでうまく解決の道をつくることができない場合もあるんだよね。

ひとし 担任の先生じゃ対処できないってこと？

はるか うん。たとえばなかなか対応してくれないとか、「被害者と加害者で謝罪の場を持とう」みたいに、いじめを受けてる子のストレスが大きい方針を提案する先生もいるかもしれません。もしもそういう場合であれば、学年主任の先生や校長先生、教頭先生などの管理職に相談するのもいいと思います。学校にはいじめに対してチームで対応するマニュアルがあるし、**そ**

※2　モンスターペアレント：教師や学校に対して理不尽な要求や苦情をくり返す保護者をモンスターにたとえた言葉。2007年頃から言われるようになった。

うやって相談することは何も悪いことじゃないから。実際に、それで適切な対応をしてもらうことができたケースもあるんです。

▼学校に行っているときの生活習慣を崩さないように

はるか　**そして二つめは、「学校を休むことによるメリットを生まないこと」です。**

ひとし　学校を休むメリット？

はるか　うん。たとえば、不登校支援の中には「ゲームなども自由にやらせて、子どもの心の回復を待ちましょう」というような考え方もあります。もちろん、好きなことをやると楽しくて気持ちが前向きになったり、心が回復すると思います。**でも一方で、「学校を休んだら思う存分ゲームができた」というメリットが生まれている、って見方もできると思うんです。**すると、学校を休む頻度がいっそう高まってしまうこともありえます。

ひとし　「ゲームしたいから、また学校休みたいな」と思うってことか。

はるか　そうそう。他にも「お母さんと長く一緒にいられた」とかもメリットだよね。さらに付け加えれば、**これって「壁を増やしている」とも捉えられると思うんです。**たとえば、学校を休んでる間にたくさんゲームをしたとする。すると、次に学校に行こうと思ったときは、**「ゲームを我慢する」という新しい壁も立ちはだかっているんです。**

ひとし たしかに！　最初は「学校に行きたくない」だけだったのに。

はるか そうやって二次的な壁が生まれると、ますます学校に行くのが難しくなってしまいます。なので、**学校でできないことはやらずに、学校に行っているときの生活習慣をできるだけ崩さないようにするのがすごく大事です。**

ひとし なるほどね。じゃあ具体的に家で何をしてたらいいの？

はるか たとえば学校の時間割を見て、算数の時間だったらドリルをしようとか、図工だったら絵を描いてみようとか、計画を立てるのが良いと思います。あるいは、何か家のお手伝いをお願いするとか、体を動かす時間にしたりしてもいいと思います。

ただし、この点についてはいろんなご意見があると思います。とくに長期的な支援という視点では、子どもがやりたいことをやらせてあげて、親は見守ることを徹底するという考え方もあります。その点は付け加えておきますね。

ひとし なるほど。これは「できればすぐに学校に戻りたい」と考えてる時点での支援ってこと？

はるか そう、**今回はあくまでも行きしぶり段階の子への支援として考えてもらえたらと思います。**

そして三つめが「コンプリメントをすること」。これは前にもお話ししたけど、やっぱりすごく効果的で大事なことです**（お悩み6番）**。コンプリメントで子どもの自信を取り戻してあげる。そうすることで、また学校に行く勇気が湧いてきます。

▼「欠席は3日まで」と意識しよう

ひとし 次が四つめ、最後だね。

はるか 四つめは「欠席は3日までと意識すること」です。4日以上連続で休んで前後に祝日などが入ると、9日以上の連休になることも。休みが続くと体がだるくなったりすることもあって、行きづらさが増してしまうんです。

ひとし これは「4日連続で休んだらダメだよ」みたいに子どもに伝えるの？

はるか いやいや、子どもには言わないでいいよ。でも、親御さんが再登校を意識する場合は、「1日2日は思いっきり休むのも一つの手だけど、4日連続にはならないようにサポートしよう」というように、心の中で意識しておいてほしいんです。

ひとし なるほどね。どれもすごく納得できたな。だけど、理論はわかっても実際に親御さんが全部を実践するのは相当難しそうだなって印象もあるね。

はるか そうだね、それは間違いないと思う。**でも僕は、二つめの「学校を休むメリットを生じさせない」とか、三つめの「コンプリメントをする」ってことを実践しただけで、再登校するようになった例もたくさん見てきました。**なので、一気に全部は難しくても、少しずつチャレンジしていくことには必ず意味があると思います。

ひとし そっか。前にコンプリメントは絶対に効果がある、とも言ってたもんね。

はるか うんうん。ただ一方で、一口に不登校と言っても、背景にある状況はさまざまなんだよね。その子自身の特性も考えるべきだし、親子の関係性に改善点がある場合もあれば、学校との関係性にあるのかもしれない。それから、不登校を乗り越えた先の選択肢も、今回お話ししたように再登校する道もあれば、フリースクールに通うなど、たくさん考えられます。

僕は、「不登校は～すべき」と考えるんじゃなくて、幅広い支援や選択肢をできる限り偏りなく検討して、「今の状況ではこんな支援がいいかも」「この子にはこの選択肢が合うかも」と丁寧に探っていくのが一番大事な

ことだと思っています。

なにより、子どもも親御さんも、ひとりで「自分の責任だ」と抱え込まないでほしい。スクールカウンセラーや教育相談センター、民間の不登校支援サービスなど、専門的な支援を受けられる方法も広がっていますから。

その中で僕らのポッドキャストも、みなさんの心を軽くする一つになれたらいいな、と思っています。

はるか先生のワンポイント

行き渋りは、四つのポイントで乗り越えよう。

①学校の問題は学校に解決してもらう

②学校を休むことのメリットを生まない

③(愛情と承認の)**コンプリメント**(褒め言葉)をかける

④「欠席は3日まで」と意識する

Q 長期化した不登校。また学校に行けるようになる?

A 3ステップで自立をめざそう

お悩み

中学校3年生の娘がいます。2年生の最後から約半年間学校に行っていません。友だちとも、それ以来、半年間かかわっていない状況です。家では昼頃に起きてきてリビングで過ごし、お菓子をつくったり絵を描いたりしています。親としては、また楽しく友だちと遊んだり、高校に行ったりできるようになってほしいのですが……。

▼自立して生きていける力をつけることが第一

ひとし 今回も不登校のお悩みですね。行きしぶり段階だった前回と違って、すでに不登校が長期化している状態、と。

はるか まず、ちょっと自分の話をさせてもらいたいんだけど、いいですか?

ひとし うんうん。

はるか これまでも不登校とか、その他いろんな子育てのお悩みについて、自分の知識や方法論を一生懸命発信してきたんだけど……。一方で、僕は子育てを経験してないから、実践はできてないって点がコンプレックスだったんです。とくに不登校の子を支援する難しさは、親御さんと同じようには理解できてないよな、と。

なので今回、実際に不登校に悩む方を募集して、親御さんがどう対応したらいいかを一緒に考える支援をさせていただいたんです。実は、今回のお悩みは、5人の方の支援をしたうちのひとりの方が抱えていたものです。

ひとし おぉ、コーチング的なことをやってみたってこと?

はるか そうそう。毎日テキストでやりとりしたり、週に1回オンラインで話したりして、だいたい6週間くらい親御さんたちに伴走させてもらいました。

ひとし すごいね！　6週間で何か変化はあった？

はるか 結果を言うと、**この子は学校と同じタイムスケジュールで過ごすことができるようになって、さらには高校に行くと決めて、受験に合格しました！**しかも友だちに自分から連絡して、会いに行くこともできたんです。

ひとし へぇ、すごい！！

はるか もう俺もうれしすぎて……！　こんなに変わるんだ、って涙出た。だから今回は、この子や他の子に実践してみて効果があった、不登校が長期化した場合の対応についてお話ししたいと思います。

ひとし なんか説得力があっていいね。まず「長期化」って期間の定義があるの？

はるか 文部科学省の定義では「年間30日以上の欠席」が不登校とされてるんだけど、行ったり行かなかったりじゃなくて、はっきりと学校に行ってない状態が続いているのであれば、日数にかかわらず長期化していると考えていいと思います。
まず今回は、「学校に再登校すること」を目標にするのをやめました。

ひとし えっ、そうなんだ。前回は「学校に行ってもらいたい」ってスタンスだったよね？

はるか　そうそう。でも今回はすでに長期化してる子たちだから、同じように考えるのは難しいなと思ったんです。**「学校に戻る」ってハードルが高い目標を掲げたら、なかなか自信が回復できなくて、学校との溝も親子の溝も、むしろ深まってしまうかもしれない。**そこで、そもそも親御さんや本人の本当の願いはなんだろうと考えてみたんだよね。

ひとし　なんだろう？　学校に行くことじゃなくって？

はるか　**僕は、本当の願いは「大人になったときに自立して生きていく力をつけること」で、学校に行くことは、そのための手段の一つだと思ったんです。**この子がきちんと生活をして、勉強して、大人になったときに幸せに生きていける状態をめざす中で、また学校に行くこともあるかもしれないし、そうじゃない選択をするかもしれない。そんな前提で支援することにしたんです。

▼目標は「学校と同じスケジュールで生活すること」

ひとし　なるほどね。前回の行きしぶりへの対応とは、前提から全く違う感じだ。

はるか　そう。**そこで「学校生活と同じスケジュールで生活すること」を目標とし**

て設定しました。

ひとし　けど、すでに長期間おうちで自由に過ごしてきた子たちにとって、実際に学校と同じように過ごすのって難しそう。

はるか　うんうん、これもけっこう高いハードルなんだよね。だから、親御さんには「三つのステップでやっていきましょう」とお伝えしました。**まず一つめのステップは、コンプリメント（褒め言葉／お悩み6番）です。**

ひとし　やっぱコンプリメントはどんな段階の子にも欠かせないんだね。

はるか　うん。そのためにも、**目標はスモールステップを意識して、「その子が絶対にできそうなこと」から始めてほしいです。**そこからの変化に対してたくさんコンプリメントを積み重ねていくイメージです。「昨日より早く起きれたね」とか。

ひとし　「前より朝話せる時間が増えてうれしいよ」とか？

はるか　そうそう！　**そして二つめが「GOOD&NEW[※1]で一日をふり返り、次の日の計画を立てること」です。**これはアメリカの教育学者、ピーター・クラインさんが開発した手法を基にしています。**お子さんに毎日、一日の中で良かったこと、もしくは新しいことをノートに三つ書いてもらうようにするんです。**書くのは「友だちに会えた」とか「絵を描いた」とか、たっ

※1　GOOD&NEW：ピーター・クライン氏がチームの活性化やアイスブレイクのために開発した手法。24時間以内に起きた「良かったこと（GOOD）」や「新しい発見（NEW）」をひとりずつ発表する取り組み。企業の朝礼などで導入されている例が多い。参考文献『こうすれば組織は変えられる！「学習する組織」をつくる10ステップ・トレーニング』（ピーター・クライン、バーナード・サンダース著、今泉敦子訳、フォレスト出版）

たひと言でもOK。**そうやって意識的にプラス面を見る時間をつくると、だんだん良いことや新しいことに目を向ける習慣ができて、ポジティブな思考回路が生まれていくんですよね。**

ひとし それいいね！　しかも、次の日の計画を立てるっていうのはコンプリメントの布石になりそう。

はるか まさにそう！　計画を立てることで「決めたことを実行する力があるね」とかってコンプリメントの機会が増えるんだよね。このふり返りと計画を続けていくことで、お子さん自身の中でも、親子関係の中でも、好循環が生まれます。

そして三つめが「トークンシステムを取り入れること」（お悩み10番）です。

ひとし あ、前にやったね。ラジオ体操のスタンプみたいなシステムだよね。

はるか そうそう！　たとえば、学校と同じタイムスケジュールで生活できたら1ポイント。10ポイントたまったら好きなお菓子を買う。30ポイントたまったら、一緒にお寿司を食べに行く。70ポイントたまったら、旅行に行っちゃう。そんなふうに、お子さんとご褒美をつくって、モチベーションをあげていく方法です。

ひとし　ご褒美は子どもと一緒に決めるのが大事だったよね。

はるか　そうそう！　達成ペースを考えつつ、お子さんが本当に喜ぶご褒美にするのがいいと思います。
もしお子さんが集中力の長く続かない子だったりしたら、もっとスモールステップを導入してもいいと思います。たとえば1時間でも学校と同じようにできたらシールを半分貼る、とかです。小さなステップでも、トークンがもらえたら、成功体験の蓄積になるし、子どもの動機を引き出せると思う。長く継続していく中で、「2枚目のトークン表からは、3時間学校と同じようにできたらシール半分にしよっか」なんて、ちょっとずつステップアップしていく設計ができるとなおいいんじゃないかなと思います。

ひとし　なるほどね。今回5人の方のサポートをしてみて、うまくいかなかったってケースはないの？

はるか　もちろん、全員がずっとうまくいったわけじゃなくて。「今週は全くダメでした」ってときもあったし、なかなか変わってくれないと悩んだこともありました。**でも、うまくいかなくても「コンプリメントだけでも……！」とかって継続していくと、みんな変化はあったんです。**

ひとし　そっか。絶対変化するって信じて継続するのが大事だね。

はるか うん。でも僕も親としてひとりで対応するって考えたら、これは相当きついな、と痛感しました。今回は僕が「絶対に変わります！」と言い続けられたから、皆さんがんばって続けてくださったのかなって。だからこそ、**改めて「不登校は親の責任だ」みたいに背負わなくていいし、いろんな専門的な支援も積極的に視野に入れてほしいな、と強く思いました。**

はるか先生のワンポイント

「学校に再登校する」という高い目標は掲げずに、「学校と同じスケジュールで生活すること」をめざそう。

①**コンプリメント**（褒め言葉）をかけよう

②**GOOD&NEW**で一日をふり返り、次の日の計画を立てよう

③**トークンシステム**（ポイントと報酬）を取り入れよう

Q なかなか実践できません……

A 子育ての心が楽になる合言葉を口ずさもう

お悩み

いつもポッドキャストを聞いています。とてもためになる内容で、実践したいと思ってはいるのですが、なかなか実践できず……。子育てについて周囲からダメ出しされる日々で、どうしたら良いのかわからなくなってしまいました。

▼子育ては「うまくいかないこと」のほうが多い

ひとし　今回はお悩みというか、ポッドキャストを聞いての感想ですね。

はるか　うん、でもどうしても紹介したくて。こういう感想をもらうこと、すごく多いんですよ。「また叱ってしまって、反省しています」とか。

ひとし　たしかに、なかなかうまくできなくて落ち込んじゃうことってよくある。

はるか　でも、**そもそもいつでも完璧な人なんていないと思うんです。**僕はこの番組で、かなり理想的なことばかりお話ししていると思います。だから、実際にやってみたらうまくいかないことも当然あると思うし、全部の方法論をできるようになるべきなんて思ってません。

だから、うまくいかなくても、絶対に自分を責めないでほしいんです。自責してしまって、気持ちが落ち込んで、また次チャレンジしてみようと思えなくなるほうがずっと良くないから。

僕も、これまでお話ししてきたことすべてをいつでも実践できてるかって言ったら、全然そんなことありません。感情的に叱っちゃったってこともあるし、「子どもがなかなか変わらないな、どうしよう」って焦ることもあります。1時間スマホ見ちゃってた、ってこともある（笑）。

ひとし はるか あるある。

ひとし もちろん、「なんでできないんだろう」「自分ってダメだな」って負の感情が生まれること自体は仕方ないと思います。でも、そこで自責するのは良くない。**負の感情に気づいたら、「あ、生まれてるな」くらいに思う。**ネガティブな感情が生まれるのは悪いことだ、みたいな考えがあると、また自分を責めちゃうよね。それじゃあ負のループにはまっちゃう。

▼「できない自分」も受け入れる

はるか そうそう。そこで、僕らの魔法の合言葉を紹介したくって。

ひとし ああ！　あるね（笑）。

はるか **「ありながら……」です。**たとえば「なんでできないんだろう」と思っても、「まあそんなことも思いながら」だし。子どもを叱ったり、子どもとぶつかったときにも「まあそんなときもありながら」。そんなふうに、いつでも「ありながら」って口ずさんでみてください。

ひとし これ、ほんとに気持ちが楽になるんだよね。アンラッキーなことがあっても、まあそんなことも……

二人　ありながら。

はるか　ちょっと怠けちゃったときも、まあそんなときも……

二人　ありながら（笑）。

はるか　ははは。なんでもない言葉だけど、本当に救われる。子育てって本当に大変だと思うんです。どれだけ学んでも、実践してみても、うまくいかないことのほうが絶対に多い。**だから、子どもに対してうまく接することができなかったとき、自分を否定してしまいそうなとき、「まあそんなこともありながら」って口ずさんでいきましょう。**それで、また次にできることを考えていけたらいいんじゃないかなって思います。

はるか先生のワンポイント

できないときは、
魔法の合言葉
「そんなときもありながら」と口ずさもう。

第4章

フリースクール「コンコン」がめざすこと

フリースクール「コンコン」にかける想い

コンコンとは、**TeacherTeacherが運営するオンラインフリースクールです。**２０２４年４月に開校しました。

今、日本には約30万人の不登校児童・生徒がいるとされています。[※1]小学校では約60人に１人、中学校ではおよそ17人に１人の割合で、学校に通えていない子がいるのです。

不登校になる子どもたちは、何か問題を抱えているのでしょうか？

いいえ。たまたま学校が合わなかったり、自信をなくしてしまうようなことがあって、「通わない」という選択をしているだけなのです。自分ではどうすることもできずに、つらい思いをしている子もいます。

そして、悩んでいるのは、本人だけではありません。親御さんたちも「どう子どもに接するべきか」「どんな支援が正しいのか」と混乱し、「自分のせいかもしれな

※1　文部科学省「令和４年度児童生徒の問題行動・不登校等生徒指導上の諸課題に関する調査結果」

い」と責任を抱え込んでいます。

実際、不登校児童・生徒の38・2％が全く教育にアクセスできず、また専門家に相談することもできていないといいます。数にして、約11万5千人もの子どもたちが、孤独に、途方に暮れているのです。

そんなふうに、今まさに、本当に困っている人たちを助けたい。日本の不登校問題を解決したい。その一心で、僕たちはコンコンを設立しました。


コンコンは、**「学校に行きたい」と希望する子には再登校までをアシストし、学校に行くことをめざしていない子には必要な支援につなげていく、「短期卒業型」であること**が特徴です。無理やり学校へ行かせるなど登校刺激は行わず、あくまでも本人の「意志」（長期的な視点における）を実現させるための支援を行います。また、子どもだけに支援を行うのではなく、「子ども・家庭・学校（または子ども自らが選ぶ選択肢）」と、すべてにアプローチしていくことも大切にしています。

オンライン上の仮想空間――メタバースを校舎として運営していることも特徴です。これにより、世界中どこからでも通うことができます。

そしてコンコン最大の特徴は、完全無料のフリースクールであること。

「なぜ無料にこだわるのか？」という点には、三つの理由があります。

一つ目は、義務教育の格差をなくすためです。日本の子どもたちは、小学1年生から中学3年生まで、無償で教育を受ける権利を持っています。今いる環境がたまたまその子に合わなかったことで、教育を受けられないというのは、すごく心苦しいことです。お金を払ってフリースクールやオルタナティブスクール[※2]に通えるご家庭もあれば、そうでないご家庭もあります。どんな子どもでも格差なく、無償で教育を受けられることが当たり前な社会を作りたいのです。

二つ目は、困っている子どもがコンコンの存在を知り、自ら「学びたい」と思った時に、ハードルなく入学できるようにしたいという思いです。通常のフリースクールは、家庭からの月謝で運営されます。ご家庭によってはハードルが高く、子どもが学びたくても、それを言い出せない可能性もあります。そのハードルをなくすために、無料のフリースクールが必要だと考えています。

三つ目は、学校や、その他教育機関と連携して、継続的な支援を行うためです。一度学校や教育機関に通うようになった子どもでも、毎日通えない場合もあります。その際、フリースクールが無料であれば、学校に行けない日だけフリースクールに顔を出すこともできます。継続して支援を行うため、金銭面の障壁をなくし、心理的に安全な状態で通えるようにする必要があるのです。

※2　現在の公教育とは異なる、独自の教育理念・方針で運営されている学校の総称。「新しい選択肢の学校」とも訳される。フリースクールも含まれる。

でも、学費をもらわずに、どうやって運営していくのか？
そんな無理難題を解決してくれたのが、ポッドキャストでした。

コンコンは、ポッドキャスト「子育てのラジオ『Ｔｅａｃｈｅｒ Ｔｅａｃｈｅｒ』」を通して、僕らの考え方を知り、「不登校問題を解決したい」という夢に賛同してくれた方の支援で運営しています。具体的には１１００円（税込）からプランを選べる個人の月額制支援金や、法人からのスポンサー料です。２０２４年９月現在、全国で２４０人・４社の方が、温かい支援の気持ちを届けてくれています。

支援くださっている方とは、コミュニティ※3をつくり（僕らは「Ｔｅａｃｈｅｒ Ｔｅａｃｈｅｒ村」と呼んでいます）、子育ての相談をしたり、情報交換をしたり、コンコンでの支援状況や子どもたちの変化なども報告し、一緒に学びの方法を考えたりしています。親だけで子育てを抱え込むのではなく、多様な大人が関わり、社会全体で子育てをしていく、理想の形が実践できていると感じています。

コンコンの取り組みは、まだまだ始まったばかりです。
誰もが輝ける居場所を見つけ、自立して幸せに生きていく――。
僕たちは本気で、そんな未来をつくっていこうと思っています。

※3　オンラインコミュニケーションアプリ「Ｄｉｓｃｏｒｄ」内で展開。「Ｔｅａｃｈｅｒ Ｔｅａｃｈｅｒ」公式サイト（https://teacherteacher.jp/）から月額１１００円（税込）以上のスポンサーになると参加可能。

不登校になった小1の娘と私の

「暗中模索日記」

漫画・なつ

…体調悪い？

ちがう…

学校で何かあった？

ちがう
昨日までは普段通り登校して特に変わった様子もなかったけど…これが行き渋りってやつ？

待って…こういう時ってどう対応したら良いのかしらうーーーーん
小学校に入学してからすごくがんばっていたし疲れちゃったのかな…

そしたら今日はお休みしよっか！

お母さんもお仕事お休みするね！

うん!!

家ではいつも通り過ごしてるし
今日休めばきっと明日からは登校するわよね…

それから数日後・・・
昨日は行くって言ったでしょ⁉
お母さん、もうお仕事休めないの！
やだ‼絶対行きたくない‼
お母さんのバカ‼
大嫌い‼
ワーン
っていうことがあってね・・・
それは大変だったねひなちゃんのことも心配だよね・・・
妹
あっ、そうだ‼良さそうなラジオをみつけたの！
ラジオ⁇

URL送るから
聴いてみて〜！
不登校のことも
話してたよ！
子育てのラジオ
Teacher Teacher
ありがとう!!
聴いてみる！
そうか…
今、不登校の子は
こんなに増えていて、
本人やご家族は
こういうことで苦しんで
いるのか…
学校に行けないことで
娘はどんどん表情が
暗くなってきている
自信をなくしてる…
そんなふうに
見える…
このままでは
ダメだ!!
私にできることを
やっていこう!!

そう思ってから あらゆるところへ 相談をした
学校
自治体の子育て支援
NPO団体
スクールカウンセラー
不登校支援
相談をしてわかったことは ・娘は今無理に行かせるよりもスモールステップで学校に行けるような準備が必要だということ ・そういう子のためにフリースクールという選択肢があるということ
ただ通える範囲にあるフリースクールってどこもお高めなのよねー!!
うう～ん
あっ!! そうだ!!
TeacherTeacherの2人が無料のフリースクールを開校すると言っていたんだ!
まずは無料の相談会に参加してと…
ポッドキャストを聴いているから信頼できる方とわかっているし、何より無料だし・・・さっそく申し込もう!!
という流れで、娘はフリースクール【コンコン】に入学することになった

コンコンはオンライン上のフリースクールなので
全国どこからでも参加ができます
自分のアバターを作り、架空の教室で過ごします。
8:30
活動は平日の朝8時半からスタートします
おはよう！今日も時間ぴったりだね！うれしいな〜！
この時間はリラックスタイムと言って
今日の気分は何点くらいかな？
う〜ん…
マイナス100点かな…
そうか〜そしたらストレッチで体をほぐしてみようか！
雑談をしたりストレッチをして気持ちをほぐす時間です
9:00
9時からはワクワクタイム！いわゆる探究学習です子どもの興味を広げ深めていく活動です
今日はお花の絵を描きたい!!
うーんどうしよう…
ヒマワリかな！
イイネ！何のお花を描くの？
好きなお花って何かな？
ボランティアの大人と対話することで、様々な価値観に触れることができます
★ 絵を描くことが好きな作者もボランティアに参加しています！

10:30
10時半から学習タイムです
コンコンには独自の教材はありません。
今日は学校のドリルを進める？担任の先生にもらったプリントやる？
プリントにしようかな
何枚くらいできそう？
うーん3枚かな
その日のコンディションを見つつ進めてくれるのでとてもありがたいです
できたら声をかけてね！
はーい
先生、できました！
(1) 雨がふる
(2) 山にのぼる
(3) 川がながれる
(4) 水をのむ
え!! 早い！
全問正解だね！とっても集中してやれたね！
今日はプリント3枚頑張ったから
3ポイントつけておくね！
わーい
頑張った量が可視化されるので子どもも自分から勉強をやるという気持ちになります
ちなみにこの時間親は家を空けても良いのです
短時間なら働ける！
この時間は私の気持ちに余裕を作ってくれました

12:00
お昼休憩を挟み
休み時間もオンラインでつながっているので安心です。
13:00
お掃除タイムで部屋を片付けます
掃除をすると気持ちもスッキリするね!
13:10
そして午後にはおしゃべりタイム、いわゆるアサーショントレーニングの時間があります
今日はどうしたら相手に正しく気持ちが伝わるか
一緒に考えてみよう
この時間では自己主張のトレーニングをして、自分も相手も尊重できる言い方や振る舞いを学びます
ひなちゃんは、学校でわからないことがあったとき先生やお友だちになんて言う?
ん~~…
困っているから助けてって言うかな
うんうん、良いね良いね!
このトレーニングで大人と話すことが苦手だった娘がお店の人やお友だちのお母さんと会話ができるようになりました
14:00
その後は運動タイム
学校へ行くには体力も大切です!
14:20
最後の時間はその日のGOOD&NEWを先生に発表します
今日良かったことはお花を描けたこと
新しい発見は気持ちの伝え方を知った
こうして3ヵ月が経とうとした頃・・・
ただいま~!! 今日のコンコンはどうだった??
お母さんおかえり~!!
今日も楽しかったよ!!

お母さん
私
あのね・・・
明日、
学校へ
行ってみる・・・
わーーーー!!
そう思えた
気持ちが
すごいよ!!
お母さん
うれしい!!
お、お母さん
くるしいよ
正直、娘はもう
学校に戻ることは
難しいかもしれないと
何度も思ったけど
その日から徐々に
学校へ行ける日が
増えていった
（学校へ行かない日は
コンコンに参加している）
娘がコンコンに入り
先生方やボランティアの
方々に支えてもらって
子育ては
たくさんの人の手を借りながら
していくものなんだということに
改めて気がついた

家族だけで乗り越えようとしていた時は
イヤだ!!
学校行くよ!!
毎日が苦しくて私も娘もたくさん泣いた
私たち親子に必要だったのは伴走して支えてくれる人
そして子どもに必要なのは自信だということをコンコンで教えてもらった
頼ってくれることが嬉しいです!
娘さんは絶対大丈夫です!
ひなちゃんいつも頑張ってます!
本当に才能に溢れています!!
うんうん
私もそう思う
暗いトンネルで救ってくれてありがとう
きっと大丈夫
コンコン

Kくんの日誌

文

はるか先生（福田遼）、おのはる先生（小野晴香）、カウンセラー ゆうさく先生（長瀬優作）

2024年4月に開校後、5名の子どもたちを受け入れました。その中の1人のお子さんの、スタッフ間の共有記録を一部抜粋してご紹介します。

Kくんは、小学校6年生。コンコンに入校した日に希望を聞くと、「学校に行きたい、修学旅行に行きたい」と語ってくれました。カウンセラーのゆうさく先生とスモールステップで目標を立てて、まずは教室に荷物を取りに行くことからスタート。徐々に、1時間、2時間、午前中と、登校できる時間を増やしていきました。そうして6月末には、コンコンの卒業要件である「学校やその他フリースクールなどに、自立的に5日間行くことができる。かつ『楽しい』と言える」を達成し、卒業できました（3兄弟全員が不登校だったのですが、Kくんの姿をみて、なんと全員登校できるように）。とはいえ、ここで紹介していない日にも、元気がなくてコンコンに参加できなかったり、学校に行く前日には不安にさいなまれたり、算数を下の学年の内容にもどって勉強する日があったり、奮闘する日々が続きました。再登校の早い遅いに優劣はありません。子どもたちは確実に日々成長しています。そこを褒めて尊重し、子どものペースで「一緒に」やっていきましょう。

コンコンの支援　3つの流れ

1「アセスメント（状況把握）」で不安や苦手、好きや得意の把握

2 不安の解消と苦手克服、好きや得意を広げ深める「トレーニング」

3「スモールステップ」で教育機関へ向かう

※7つのアセスメント項目
①不安・恐怖がないか　②登校意義の理解　③学年相応の学力　④社会性（主張、援助、あいさつ、約束）　⑤体力（1日20分程度）　⑥生活習慣（食事、睡眠、ゲーム時間）⑦適切な休み方（参考研究：小野昌彦明治学院大学教授による不登校に対する行動療法の立場からの包括的支援アプローチ：7つの条件より）

Kくん（小学校6年生）

コンコン入校にあたり　～お母さんからの聞き取り～

小学4年生のある日、突然行きしぶりが始まりました。友だちが先生に叱られたことを「理不尽な叱り方」と感じ、先生への不信感が生まれたようです。教育コーディネーターに相談したものの、5年生になって早々、また友だちが叱られているのを見てしまい、学校へ行けなくなりました。時間割りを見て行けそうな時間に行っていましたが、ついに教室に入ることもできなくなりました。（実は3兄弟のうち、もともと一番上の兄が5年間不登校です。加えてK、そして弟も不登校となり1年半が経ちました）

入校　4/16

目標　「9月の修学旅行は、絶対に行きたい」→本人の目標を実現させてあげたい

ゲームができるというドーパミンは大人でも勝てない！（お悩み9番参照）

4/26

朝から（メタバースに）入ることができた！／昨日「自分で決めた目標をがんばった後に、ゲームができるようにする原則」を作ったことでモチベーションを高めることができていた／宿題の漢字ノートを進めている。1ページ終わった時、すごくいい表情だった！

4/30

起きられず、午後からコンコンに入室。「無理やり起こされたのが嫌だった」と気持ちを話してくれた。気持ちを吐き出した後、どうしたら親御さんとぶつからずに済んだかを一緒に考えた。「休む or 参加する」の2択ではなく、音声やカメラをオフにして話を聞くだけにするなど、自分の体調に合わせて参加できる方法を考えようということに。「それならがんばれそう」とスッキリした表情。

カウンセラーのゆうさく先生と、登校の目標を決めた。

不安なこと　「たくさんの人に見られること」「『どうして学校にこないの?』

と友だちから問いかけられること」
作戦　先生と一緒に教室に行く／挨拶「おはよう！」と言って給食の後半に教室に入る／教室には「荷物を取りに行く」という体で入る（自分の机の引き出しにプリントがないか確認するなど）／先生と一緒に教室の外に出る
本人の様子　「（荷物を取りに行くなら）やれそう！　そのアイディア天才じゃん！」「徐々に慣れていくっていいね！」「学校の相談室って楽しそう！」

目標達成に向けて　先生、お家の方に、作戦について事前に伝えておく／コンコンで、学校に行くときの行動を練習する
好きな教科や楽しみを聞いた　好きな教科は、図工と道徳。得意なことは、「自由に作ること」。人の気持ちを考えるのが得意！「それがKくんの強みだよ！」と伝えると満面の笑みで喜ぶ。「明日は学校頑張りたい！」と意気込んでいた。

学校、家庭との連携が大切。明日学ぶ範囲を事前に先生に聞いて予習をしておくことも

コンプリメント（誉め言葉）が大事（お悩み6番）

5/1
11時頃、コンコンに入室。ちょっと元気がない？　昨日、登校を約束した給食の時間が近づいているからかな／学校での動きについて、再度シミュレーション。「少し不安がなくなった。がんばれそう」と発言。
→　学校行けました!!目標達成!!　がんばった!!

達成してみて　「次に学校に行きやすくなったし、修学旅行に行く目標に近づいている。嬉しい！」。「どうして今回目標を達成できたと思う？」という問いに、「挑戦しないと何も始まらないし、行かないと損だと思った！」「（コンコンの）先生と約束をした一番はじめの目標だからできた！」「すごく緊張して、目がクラクラした！」と語る。
次の目標　5月2週目のどこかで、給食+1時間（図工）授業を受けてみる。
作戦　先生と一緒に、教室ではないところで給食を食べる／後ろの席で授業を受ける。事前に、先生からクラスのみんなに「Kくんは、図工の時間にきて、帰ります。よろしくね！」と伝えてもらう。

5/14

「明日学校だからがんばりたいと思っている」と教えてくれた。

不安なこと　①クラスの子に質問されること　②友だちに誘われるのも苦手

作戦　①事前に質問を考えて、ゆうさく先生とロールプレイをしておこう。

自分も相手も尊重して意志を伝えるアサーショントレーニング（お悩み17番）

Q「何してるの？」　A「フリースクールっていう別の学校で勉強しているよ！」

Q「フリースクールってどんなことしてるの？」　A「メタバースで、国語や算数、将来のことについて学んでる！」――返答を見ずに答えられた！　気持ちもスッキリしている！

②友だちからの誘いを断ることは、悪いことではないと伝えた。断る=申し訳ない&相手を傷つけると思ってしまうという、認知の歪みを矯正。「断らないで生きていくと人はどうなるか」という、断らないことの「デメリット」を提示。「断る=自分を大切にすること」という認知に変える。断る際には、「～だからごめんね！」と「理由」を伝えよう！――ロールプレイをしてみたら、返答がスムーズ！「自信を持っていいよ」と背中を押す。

〔 K君登校に向けて、3つの魔法の言葉 〕　①「フリースクールで勉強している！」　②「メタバースで国語、算数、将来について学んでいる！」

③「～だからごめんね！」

5/17

学校に行って授業を受けた結果「このクラスはだめだ」と発言している。次へつなげるために、気持ちを聞いて振り返りを行う。

「できたこと」の振り返り　毎日、早起きできるようになった！(9時→6時半くらいに起きられている)／勉強が進んでできるようになった！／毎日学校に行くことができている！／緊張や不安に打ち勝つことができている！(成長！)／家族のみんな（兄弟が）学校に行き始めた！／毎日1時間は学校に行っている！　友達から「最近学校来てるじゃん！」と言われて、結構嬉しかった！／心配していたような質問を友達からあまりされなかった！
次の目標　学校に1日行く！
不安なこと　帰宅後はクタクタ。先生に怒られるかもと思うと疲れる（怒られていないのだが）。
作戦　時間割を見て、いつ学校に行くかを決める／1日行けたらご褒美を決める。大好きな梅＋サイダー！
所感　「疲れる＝日頃の頑張りや取り組みの証拠！　疲れることは悪いことじゃない」と伝える。「修学旅行に向けて、体力をつけていこう」と励ます（YouTubeを見ながら筋トレを開始したそう）。学校への不安があったり、教室がうるさくて疲れたが、それを乗り越えることができて喜びを感じていた。「学校を頑張れるようになって楽しい」との発言も。次回は、週に2日、2時間受けられることを目標にしたいと言っていた。なんとしても社会科見学に行けるようになりたいそう。

5/28
朝から時間通りにコンコンに参加できた／算数は計算が曖昧だったので、お母さんと相談して、4年生の内容から再スタートすることになった（小数の掛け算、わりざん）。
ちょっと調子が悪そう。気持ちを聞いてみる。

学校での写真撮影はうまくいったが、「学校で嫌なことがあった」と発言。「待っている間、みんなうるさかった」「大きな音があまり好きじゃない、静かな空間が好き」
対策　どうしても苦しい時は「保健室に行ってもいいですか？」と聞くようにしてみる。コンコンでのアサーショントレーニングで、「先生ちょっといいですか？」＋「耳が痛いので保健室に行ってもいいですか？」と言うことができた。

自分も相手も尊重して意志を伝えるアサーショントレーニング（お悩み17番）

多様なボランティアの方に参画していただき、子どもの世界を広げることを大切にしています

6/12

朝から登校できている。3～6時間目まで学校で過ごせた！

ワクワクタイム　折り紙の続きを進める。ボランティアのhayatakaさん（データ分析の専門家）に、折り紙を用いた立体的なプロダクトの動画を見せてもらう。「すごい！」と言っていた。「Kくんの折り紙には大きな可能性が秘められているね！」と伝える。「折り紙を使って、新しく、または誰かのためにやってみたいことはある？」と問うと「新しいオリジナルの折り紙を自分で発明してみたい」という言葉が出てきた。次に繋げていくために、どう問いかけていくか考えたい!!

6/14

1日学校へ行けた！　目標達成、拍手！　すごい!!!!!

6/24

今週は毎日登校することを目指している／国語・算数では相当疲れていたが、それでもがんばることができた！／学校から帰ってきてコンコンへ顔を出しにきてくれた。「先生！　最近慣れてきたかもしれない。友達と話すのが楽しい」と爽やかな表情で発言。いよいよ支援が必要なくなってきた……。今週で卒業かも。

卒業式 7/30

「学校がめちゃめちゃ楽しい」と言っていた。もう大丈夫。

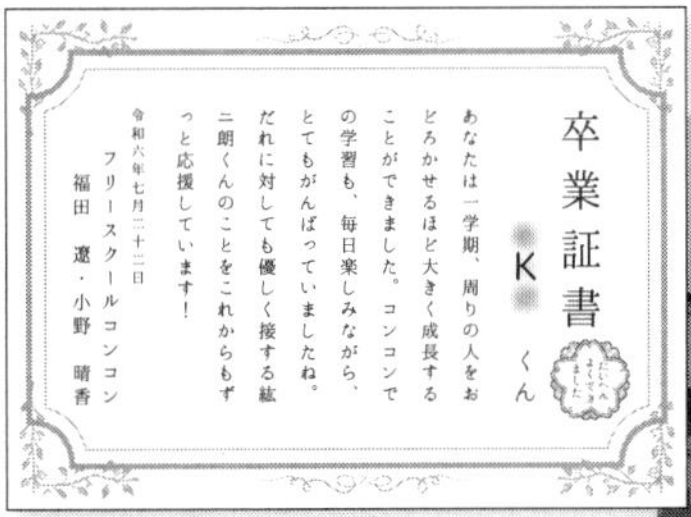
卒業証書

K　くん

あなたは一学期、周りの人をおどろかせるほど大きく成長することができました。コンコンでの学習も、毎日楽しみながら、とてもがんばっていましたね。だれに対しても優しく接する紘二朗くんのことをこれからもずっと応援しています！

令和六年七月二十二日

フリースクールコンコン

福田　遼・小野　晴香

おわりに

さて、本の「おわりに」を書くという大役を任されてしまいました。はるかの相方、ひとしです。

僕がはるかと一緒にSNSでの情報発信を始めた当初、僕自身の中に、何か人きなビジョンがあったわけではありませんでした。はるかを「ポッドキャスト番組やってみない？」と誘ったことも、これまで継続してこられたことも、ただ「友だちだったから」という理由が大きいと思います。

ただ、続けていく中でリスナーの皆さんから感謝や応援の声をいただけたことで、もっともっと社会にとって意味のある活動にしていこうというエネルギーが湧いてきたことは確かで、今の形につながっています。

これまで僕らにかかわってくださったみなさんに、心から感謝を伝えたいです。

▼はるかの熱と、僕の役割

はるかとは、大学1年生の4月に出会いました。同じダンスサークルに入り、思い出づくりに明け暮れ、あっという間の4年間。卒業後の進路は離れましたが、年に2、3回、旅行に行ったり、遊びに行ったりする仲間のうちの、仲のよい二人でした。

専門分野は違いましたが、大学時代から、はるかが教育に対して熱い思いを持っていることは強く伝わっていました。

僕はというと、企業のブランディングや広告制作を行う会社に就職したのちに、縁がありポッドキャスト番組の制作を行う会社へ転職。音声プロデューサーとして、企業のブランドポッドキャストの編集や企画制作に携わるようになりました。

今、TeacherTeacherで、子育てをする親御さんたちにとって有益な情報発信ができているのは、ひとえにはるかのおかげだと思っています。

彼は、「このお悩みなら、このポイントを意識するといい」というメッセージを明確に持っています。本気で「親御さんの力になりたい」「子どもたちに困難を乗り越えてほしい」と願っています。

音声を通して、そんなはるかの本気の姿勢が伝わっているからこそ、親御さんたちからも、本音のお悩み相談が届くのだと思っています。

僕は、はるかのような「誰かのためにがんばりたい」という意志を持つ人や、「何かを成し遂げたい」とパッションを燃やす人が、思う存分に活躍できる社会になってほしいと思っています。

がんばる人が、ちゃんとがんばり続けられる環境をつくりたい。綺麗事と思われるかもしれませんが、それは社会にとってすごく大切なことだと思うのです。

僕は、そんなふうに「社会のためになっていると強く実感できること」にモチベーションを感じるタイプのようです。なので、今の活動が楽しくて仕方がありません。教育素人で、子育て経験もない僕ですが、今ははるかと同様に、TeacherTeacherの活動に大きなやりがいを感じ、本気で取り組んでいます。

▼僕らが目指す世界

現在、TeacherTeacherやフリースクール「コンコン」の活動をご支援してくださっているみなさんと、「TeacherTeacher村」というコミュニティをつくっています。

このコミュニティができて、僕が何より驚いたのは、「ここには〝はるか〟がたくさんいる！」ということでした。

はるかのように、「子どもたちのためにがんばりたい」という意志を持ち、「教育業界をもっと素敵な場にしたい」と情熱を宿す人が大勢いるのです。

これからは、自分たちの活動を推進していくだけでなく、そんなコミュニティメンバーの意志が育つ環境づくりをしていきたいと思っています。

僕らの周りで、次々と教育支援が生まれて、発展していくような場所にしたい。

それが、今の僕らがめざす「みんなで子育てに取り組む社会」の姿です。

この本を読んで、すこしでも僕たちの活動に興味を持ってくださった方は、ぜひポッドキャスト番組、子育てのラジオ「Ｔｅａｃｈｅｒ Ｔｅａｃｈｅｒ」を聴きにきてください。僕らの気楽な友だちトークも楽しんでいただきながら、みんなで一緒に、子育てについて考えていけたらうれしいです。

２０２４年９月　秋山仁志（ひとし）

子育てのラジオ「Teacher Teacher」

2023年4月にスタートしたポッドキャスト『子育てのラジオ「Teacher Teacher」』。番組SNSに寄せられた子育ての「お悩み」に、学生時代からの旧友である元小学校教諭のはるか（福田遼）と、ポッドキャスト番組プロデューサーひとし（秋山仁志）の二人が、〝納得いくまで考える〟番組。
24年3月「第5回 JAPAN PODCAST AWARDS」大賞・教養部門最優秀賞、W受賞。同年には株式会社Teacher Teacherを組織し、不登校の子どものための無料オンラインフリースクール「コンコン」をスタート。

▼ 本書で取り扱ったポッドキャスト放送回の一覧です

配信回	配信日	配信タイトル
#01	2023/4/18	子どもの反抗期は「Iメッセージ」で乗り越えよ!
#02	2023/4/25	子どもが勉強を好きになる魔法「ヨイ出し」
#03	2023/5/2	「子どもが学校へ行かない…」さて、どうする?(行動分析編)
#04	2023/5/9	「子どもが学校へ行かない…」さて、どうする?(コンプリメント編)
#05	2023/5/16	子どもが癇癪を起こしたときの「ファンタジーマネジメント」
#06	2023/5/23	「論理的結末」子どもを何度も注意したくない!
#07	2023/5/30	「子どものやる気がない…」と悩まないために
#08	2023/6/6	アドラー心理学/その1「5歳の娘が赤ちゃん返り…!?」
#09	2023/6/13	アドラー心理学/その2「嫌なことがあれば家出をする娘…」
#11	2023/6/27	「言いたいことを言えない繊細なわが子…」人が持つ強みと弱みの話
#12	2023/7/4	「息子がゲームに熱中して寝ない…」信じて待つ?やめさせる?
#15	2023/8/1	「我が子の発達障害について勉強不足…」なんてことはない!
#22	2023/10/3	〔初・公開収録!〕「子どもが勉強嫌いに…」褒めるべきポイントは努力・戦略・選択
#23	2023/10/10	〔続・公開収録!〕「子どもが言うこと聞かない…」大切なのは契約!?
#25	2023/11/7	「子どもの遅刻癖がなおらない…」トークンシステムでポジティブな行動を奨励せよ!
#28	2023/11/21	〔不登校実例1〕「学校行きたくない…」に対する4つの支援!
#29	2023/11/24	〔不登校実例2〕長期化した子へのコンプリメント/GOOD&NEW/トークンシステム
#31	2023/12/5	子どもの口が悪い時は「なしなしルール」でポジティブに変換
#41	2024/1/30	〔認知行動療法1〕「ストレスでお腹が痛くなる…」身体感覚への誤解を解くアプローチ
#42	2024/2/6	〔認知行動療法2〕「発表が怖くて学校へ行けない…」コラム法で偏りをなくす!
#48	2024/4/9	子どもの口癖が「めんどくさい」に。ドーパミンの出し過ぎに注意
#49	2024/4/16	言いたいことが言えない子どものための「アサーショントレーニング」
#50	2024/4/23	「〝普通の進路〟を歩まない子ども…」注目するのは機能価値か、存在価値か
#51	2024/5/14	「存在価値を認める」≠「子どもの行動を全肯定する」
特別編05	2024/8/20	無料フリースクール「コンコン」開校4ヶ月の現在地
#62	2024/8/27	〔不登校支援実例〕3兄弟みんな不登校だったご家庭のケース

福田 遼（はるか）

1995年福岡県生まれ。九州大学教育学部卒業後、5年間の小学校教諭を経て退職。その後8カ月にわたり世界各地の教育施設を訪問。2023年4月に旧友・秋山とともに始めた『子育てのラジオ「Teacher Teacher」』ではMCを務める。24年に株式会社Teacher Teacherを組織し、無料オンラインフリースクール「コンコン」をスタート。

秋山仁志（ひとし）

1996年福岡県生まれ。九州大学大学院システム情報科学府修了後、企業のブランディング・広告制作を行う会社に入社。その後、株式会社FUBIの音声プロデューサーとして、企業のブランドポッドキャストを企画・制作。『子育てのラジオ「Teacher Teacher」』ではプロデュース・MC・編集を担う。福田とともに株式会社Teacher Teacherを組織。フリースクール「コンコン」の運営に携わる。

先生、どうする!?子どものお悩み110番
子育てのラジオ「Teacher Teacher」が納得するまで考えます

2024年11月1日　第1版第1刷発行

著者　福田 遼、秋山 仁志
発行者　岡 修平
発行所　株式会社PHPエディターズ・グループ
〒135-0061 江東区豊洲5-6-52
☎03-6204-2931
https://www.peg.co.jp/
発売元　株式会社PHP研究所
東京本部　〒135-8137 江東区豊洲5-6-52
普及部　☎03-3520-9630
京都本部　〒601-8411 京都市南区西九条北ノ内町11
PHP INTERFACE　https://www.php.co.jp/
印刷所　株式会社精興社
製本所　東京美術紙工協業組合

ISBN978-4-569-85807-4